夠了

約翰・伯格
談金錢的最佳策略

ENOUGH

TRUE MEASURES OF MONEY, BUSINESS, AND LIFE

BY
JOHN BOGLE

約翰・伯格——著
陳雅汝——譯

目次

讀約翰．伯格，重灌你腦袋裡的金融常識

沈雲驄導讀

你拿起了這本書，我猜想你應該聽過約翰．伯格。他一生多本著作已有中譯本，有時間都找來讀一讀，我相信，你腦袋中的金融常識會被他「重灌」。

如果你需要一本最簡潔、最能讓你在短時間聽聽這位不虛妄、不造作、不高調炫富投資大師的故事，理解「基金」與「指數基金」精髓，同時學習面對人生與金錢策略，建議你可以從這本書開始。

這本《夠了：約翰．伯格談金錢的最佳策略》，沒有長篇大論，也沒有深奧的金融公式。就像與你聊天般，他以輕鬆語氣，娓娓道來自己的人生故事，分享他身處金融界多年所

看到、一般散戶應該知道卻長期被蒙在鼓裡的理財真相，以及一個又一個經得起時間考驗的賺錢硬道理。

金融業的賈伯斯，被自己的公司掃地出門

出身於一九二九年的伯格，與投資市場的淵源可以從他意氣風發的二十二歲、踏入基金業說起。從那之後沒多久，他已經是基金業小有名氣的年輕人，三十五歲那年，老闆就說要交棒給他。

然而，就在他意氣風發、覺得自己不可一世時，人生卻急轉直下：美股崩盤，他管理的基金暴跌七成五，投資者紛紛棄他而去。他和合夥人一言不合，大吵了一架，接著董事會開會，把他掃地出門。就像當年的賈伯斯，「我被迫離開這家我以為是我的公司的公司。」被掃地出門時，他有六個小孩，接下來怎麼辦？

一扇門關上，上帝為他打開另一扇門。他咬緊牙關，捲土重來，也從此改寫歷史，直到今天，你我的理財行為都深深受他影響。因為，他發明了史上第一檔「指數基金」。

截至他於二〇一九年一月逝世時，他所創辦的先鋒集團在美國共有一百九十檔基金、在

美國以外國家有超過兩百二十檔。管理資產規模高達五兆兩千億美元，投資者超過兩千萬人，遍布全球一七〇國家。從聯準會前主席保羅・伏克爾（Paul A. Volcker）到投資大師華倫・巴菲特，都對他推崇備至。

只是很少人知道，伯格雖然聲譽卓著、事業成功，但他的個人財富和其他企業家與投資大師完全無法相提並論。多年來伯格頻繁地捐款，不計退休金的話，據他在書中自己估計名下財產大約一億美元左右。當然，這個金額相較於一般人已經是天文數字，但「和同業相比，我在金錢方面可以算是失敗者，」他說。例如巴菲特，二〇一九年身價高達八百五十億美元，比爾蓋茲更高達一千億美元以上，在《富比世》富豪排行榜上，即便是身價最低的金融家，都有高達十億美元以上。

Why? 因為先鋒集團是真正的「共有式」共同基金，每年賺到的錢，都會分給員工與回饋投資者。寫這本書時，累計回饋投資者的金額已經超過一千億美元。如此特立獨行的老先生，他到底想什麼？

真正讓企業穩如泰山的，是那些無法量化的指標

這本書分三大部。第一部談的是金錢，也就是他所看到的理財問題與陷阱。他很早就發現，散戶投資股市整體而言，是一場鐵定賠錢的遊戲，買傳統共同基金也很少能賺到錢。但是，這些正確且重要的觀念，金融業者卻長期絕口不提，他們總是要你我「採取行動」——也就是不斷地花錢買進他們所推銷的金融商品，但實際上，那是笨蛋才玩的遊戲，對你我而言，正確的作法是採取完全相反的策略：「別採取行動，光是站著就好」。

長達數十年的時間，雖然他以這套策略所管理的基金績效卓著，但仍被同業嗤之以鼻，嘲笑那是「伯格的把戲」，在台灣金融市場也遭「冷處理」。直到金融風暴來襲之後，許多投資者終於看清：「天下沒有神準的選股魔法師」、「基金創新對投資人沒好處」。「基金業的根本問題，主要是出在老練、追逐利潤的金融服務提供者，與天真、追逐報酬的投資商品消費者之間的互動上。」看這段話，然後再想想：你是不是那個「天真、追逐報酬」的人？

第二部，他轉而談企業經營。他的觀念，也跟主流的管理論述很不同。首先，今天數據當道，每一家大企業都在追逐各種營運數據、統計、指標。媒體與分析師也經常引用各種數

據，來評價一家公司的好壞。他當然知道各種經營數據、指標很重要，但千萬別因此而認為「無法量化」的事情就不重要。相反的，「真正讓企業穩如泰山的，往往是那些無法量化的指標。」

「我們太信任數字了。數字，並不是真實。在最好的情況下，數字只能單純地反映真實；在最糟的情況下，數字則會嚴重扭曲了我們想要衡量的真相。」

其次，他認為靠數字來管理公司的，會為經濟帶來嚴重後果。「我不是因為數學不好才這麼說，」他很幽默地寫道，而是因為「當經營者與股東誤以為企業的報酬率能用某種精算表算出來，那麼他們對於風險——來自投資不可避免的多樣性以及不可避免的不確定性——就不會有所防備。」

「如果企業無法腳踏實地、苦幹實幹來達成他們的數字目標（也就是透過長期計畫，提高生產力，改善老產品，創造新產品，提供更友善、更及時、更有效率的服務，提高同仁的工作效率等等——最賺錢的企業，都是靠這些方法成功的），那麼，他們就會採取別的招數——那些會從你我、從整個社會榨取價值的招數。」

最後，第三部分談的是人生。寫這本書時，伯格已經高齡七十九歲，他引用《聖經》「傳道書」裡的一段話，為我們留下他的人生體悟——

快跑的未必能贏，力戰的未必得勝，
智慧的未必得糧食，明哲的未必得資財，靈巧的未必得喜悅，
所臨到眾人的，是因為「時間」與「機會」。

時間與機會，能給你東西，但也會從你身上拿走。人生重要的特質之一，柏格說，是膽識與奉獻，具備這樣的特質，天命也會降臨。

僅以此文，紀念這位永恆的大師典範。

（本文作者為早安財經文化發行人）

作者序

當市場過度貪婪，「夠了」是我們的最佳策略

有個億萬富翁在庇護島（Shelter Island）上舉辦一場宴會。知名作家寇特・馮內果在宴會上告訴他的好友約瑟夫・海勒[1]，宴會主人——一個避險基金經理人——一天所賺的錢，比海勒靠他那本暢銷小說《第二十二條軍規》賺到的錢還多。海勒說，「這話沒錯，但我擁有他永遠無法擁有的東西……『夠了』。」

夠了。簡單的兩個字，讓我震撼不已。我之所以震撼，有兩個理由：首先，我發現自己這一生，的確活得非常、非常足「夠」；其次，海勒說得再正確不過了——對社會上很具關鍵性的一群人來說（包括那些最有錢、最有權勢的人），似乎永遠沒有**夠了**的一天。

我們生活在美好、但也悲哀的年代裡。之所以美好，是因為民主資本主義（democratic capitalism）的福澤，史無前例地廣布於全球；之所以悲哀，是因為民主資本主義發展過了頭

的後果，也史無前例地呈現在世人眼前。

我們正在經歷一場金融危機（這麼形容並不是危言聳聽[2]），這場危機最明顯的特徵，就是「過度」。這場危機，出在美國那些過度槓桿、過度投機的銀行業與投資銀行業，甚至也出在美國那兩家由政府資助（但卻為民間所有）的房貸業巨頭——「美國聯邦國民抵押貸款協會」（Fannie Mae，俗稱房利美）和「美國聯邦住宅貸款抵押公司」（Freddie Mac，俗稱房地美）。更別提那些頂尖的避險基金經理人每年領取超過十億美元的酬勞，民營企業的執行長也領取令人厭憎（實在找不出別的字眼來形容了）的高薪——包括失敗的執行長在內，把他們掃地出門通常還得付一大筆遣散費。

不過，猖獗的貪婪差點毀掉美國的金融體系和企業界，貪婪造成的傷害，比金錢深遠多了。不懂得「夠了」的道理，毀了我們的專業價值觀。不懂得「夠了」的道理，讓本應好好經營委託人血汗錢的信託業者，全都變成了銷售人員。不懂得「夠了」的道理，使得理應建立在信任上的體系，變成建立在算計上的體系。

更糟的是，不懂得「夠了」的道理，讓我們在人生中走離了正道。我們在錯誤的方向上奔跑；我們經常在瞬間即逝、終究毫無意義的祭壇前俯首跪拜，卻不知珍惜利益計算以外的永恆事物。

我想，這就是約瑟夫．海勒用那強有力的兩個字——**夠了**——所要表達的寓意。我們對財富的崇拜，應該「夠了」；職業道德的日漸腐化，應該「夠了」；我們對人格與價值觀的破壞，也應該「夠了」。

因此，我想從這裡——從我最了解的地方——談起：我的人生，如何形塑我的人格與價值觀；而我的人格與價值觀，又是怎麼回過頭來，形塑我的人生。誠如你接下來將讀到的，無論從哪方面來說，我都已經得到夠多了。

小心，他們都擁有偷竊執照

我想，從我的出身談起是最恰當的。

我算是蘇格蘭人，這或許足以解釋我那顯然已經成為傳奇的節儉個性。我外祖母的先人是阿姆斯壯（Armstrong）家族，他們在一七〇〇年代初期，從蘇格蘭飄洋過海來到美國開墾農場（這倒提醒了我，你們很可能跟我一樣，也是移民後裔）。

我一向把我的外曾祖父菲南達．班尼斯特．阿姆斯壯（Philander Banister Armstrong），視為我的精神導師。他算是位產業龍頭，但他也竭盡所能地帶頭改革了火險業（一八六八年，他在聖路易市發表一場演講，他在演講中懇求道，「各位先生，降低你們的成本吧。」），接著又改革了壽險業。他在一九一七年出版了一本大書，那本書足足有兩百五十八頁，書名為《偷竊執照：壽險業如何搶走人民數十億美元》（*A License to Steal: How the Life Insurance Industry Robs Our Own People of Billions*）。在書中，他對當時的壽險業展開無情的批判，該書的最後一段是這麼說的：「這個病人〔也就是保險業〕得了癌症。他的血裡有病毒。他不僅病入膏肓、回天乏術，也對民眾造成危害。快點把殯葬業者叫進來吧。」

我外祖父的先人是希普金斯（Hipkins）家族，他們也是在十八世紀早期來到美國的，之後世居維吉尼亞州。希普金斯家族有幾名子孫後來從軍，南北戰爭時加入南方的美利堅聯盟國的軍隊。我的外祖父名叫約翰．克里夫頓．希普金斯（John Clifton Hipkins），外祖母名叫艾菲．阿姆斯壯．希普金斯（Effie Armstrong Hipkins），他們都是很有意思的人，很希望三名子女與六名孫子，都能成為奉公守法的好公民，盡情發揮自己的長才。

威廉．布魯克斯．伯格（William Brooks Bogle）和他的妻子伊莉莎白（Elizabeth），也是從蘇格蘭來的，只是時間晚多了——他們是在一八七〇年代早期來到美國的。儘管艾麗斯島[3]當時還不是入境港，但他們的名字也出現在某塊匾上。他們的兒子（也就是我的祖父）威廉．葉慈．伯格（William Yates Bogle）是位事業有成的商人，在紐澤西州的蒙特克萊爾市

（Montclair）很受愛戴。他所開辦的一家公司，後來併入美國製罐公司（American Can Company，一九八七年改名為普利梅利加公司〔Primerica Corporation〕）。美國製罐公司非常大，有七十五年的時間都是道瓊工業平均指數（Dow Jones Industrial Average，通稱道瓊工業指數或道瓊指數）的成分股之一。

威廉・葉慈・伯格的兒子小威廉・葉慈・伯格（William Yates Bogle Jr.），就是我的父親。第一次世界大戰剛開打（那時美國還沒宣戰），他就自願加入英國皇家飛行團（Royal Flying Corps），負責駕駛當時最好的駱駝雙翼戰鬥機（Sopwith Camel）。這位雄赳赳的飛行員帥勁十足，據說長得很像當時的威爾斯親王（Prince of Wales）。威爾斯親王在一九三六年登基為英國國王，沒多久就放棄了王位，迎娶他「深愛的女人」[4]。後來，我父親駕駛的戰鬥機墜毀，他身受重傷，於是就退伍返家了。他在一九二〇年與我母親約瑟芬・希普金斯・伯格（Josephine Hipkins Bogle）共結連理。

這對年輕夫婦的家境都很富裕，因此日子過得相當優渥，可惜的是，他們的頭兩名子女（是一對雙胞胎，取名為約瑟芬和羅琳）一生下來就不幸夭折了。他們的長子、我的大哥威廉・葉慈・伯格三世（William Yates Bogle III），出生於一九二七年。沒過多久，一九二九年五月八日，又有一對雙胞胎誕生了，其中一個名叫大衛・考德威爾・伯格（David Caldwell

Bogle），另一個就是我——約翰・克里夫頓・伯格（John Clifton Bogle）。

父親成家後，我的祖父送他一棟豪華的新房子，位於紐澤西州的維洛納市（Verona，與蒙特克萊爾市相毗連）。好景不常，經濟大蕭條來了，沒多久我們那棟房子連同父親繼承的遺產，全都化為烏有，我們只好搬到外祖父母家。這是我們頭一回搬家，但後來為了拚三餐溫飽，我們在澤西海岸（Jersey coast）一帶不斷易地而居，搬家成了家常便飯。

雖然我的家庭一開始很富有（應該說，是非常富有），但沒過多久，我們就過著捉襟見肘的日子了。父親在錦衣玉食的環境下長大，他缺乏他父親的毅力，連要保住一份工作都很勉強。我們家三個男孩從小就得掙錢，我牢牢記得那句老生常談——「閒則生非。」（Idle hands are the tools of the devil，如果用蘇格蘭腔來發音，那devil就要念成divil。）

意志力，能超越一切障礙

不過，我們家三兄弟其實是在絕佳的成長環境下長大的：我們出生在當地還算有名望的家庭，從來都不用擔心會低人一等或是被人瞧不起，然而，我們的生活費還是得自己掙（甚至還得貼補家用），我們還得找工作，得為別人工作，但我們也因此養成了責任感、進取心和紀律。我們當時的好友（至今依然是好友）家裡，都相當有錢，我們在幹活的時候，他們都在玩耍。不過，我們很早就明白了承擔責任的喜悅；很早就明白了運用聰明才智的喜悅；也很早就明白了和三教九流（我們打過各式各樣的零工，在工作中接觸到形形色色的人）打交道的喜悅。

我們這對雙胞胎，初一與初二是在紐澤西州春湖鎮（Spring Lake）一家很小的中學上的，到了初三就轉學到附近的馬納斯光中學（Manasquan High School）去了。不過，我母親望子成龍之心十分殷切，她很擔心我們無法受到最好的教育，因此就積極地幫我們物色更好的學校。在她的努力堅持之下，伯格家的三兄弟全都去念了位於紐澤西州西北部的寄宿學校「布萊爾中學」（Blair Academy）。

去布萊爾中學念書，是接受良好教育的絕佳機會。雖然我們家一貧如洗，但母親的望子成龍之心卻克服了一切困難，而布萊爾中學也提供我們獎學金和打工機會。我在布萊爾中學的第一年，在餐廳打工當服務生，到了高三，則被升為責任較重的領班。

布萊爾中學的校訓，是從拉丁文翻譯過來的，意思是「我來，我研究，我學習」，而我，就是這麼做的。

我的老師們都是老派的先生，對學生的要求很嚴格，他們似乎認為我是塊可造之材，不斷敦促我好好用功，而我也刻苦學習，因此儘管課業前所未有的繁重，我還是逐漸擺脫剛入學時的落後現象。畢業時，我代表畢業生致詞，並獲選為「傑出學生」和「最具成功潛力的學生」，這些殊榮或許暗示了我這個人兼具決心（我的決心至今依然沒有動搖）與創業精神（這創業精神日後成就了我的事業）。念初中時，我在托馬斯・麥考萊[5]論英國詞典編纂家山繆爾・約翰生（Samuel Johnson）的文章裡讀到一句話，這句話有如醍醐灌頂，令我永誌難忘：「意志力，能超越一切障礙。」

如此看來，關於這輩子怎樣才算「夠了」，我的看法最主要是受到家庭環境，以及青少年時期經歷的影響。其中，最重要的是我的家庭。

我有一個很棒的家庭，有讓我引以為傲的祖父母、疼愛我們的雙親，三兄弟的感情也很融洽（我們平常是會打打鬧鬧，但如果外人想要欺負我們，我們就會團結起來對付他們）。

不過，光是這些，或許也還是會讓我們一事無成。畢竟，我們家三兄弟的情況，和美國無數的青少年沒什麼太大的不同。但自從我邁入青少年時期，我就交上了好運。

我這輩子運氣真的很好，經常碰到不可思議的貴人。當然，我生平的第一個好運，就是布萊爾中學同意讓我入學，讓我接受良好的教育。如果沒有這些好運，誰知道今天的我會淪落何方呢？每一次遇到好運，我就當自己發現了一顆鑽石。

這一生走來，我發現的是一大片的「鑽石田」。

其實，閃亮亮的鑽石，就在你身邊

很久很久以前，波斯有個很富有的農場主，他離開家鄉四處追尋更多財富，想找到傳說中的鑽石礦，但他找了一輩子，卻始終一無所獲。

最後，他老了，離鄉背井的他不但一貧如洗，而且鬱悶不樂。多年的挫折沮喪戕害著他的身心，老人投海自盡了。

於此同時，農場的新主人在那片遼闊的土地上巡視時，看到一條小溪裡有個什麼東西，在陽光下閃閃發光，亮晃晃的。

那是顆很大的鑽石。原來，那片土地，就是傳說中的戈爾孔達（Golconda）鑽石礦。

這是魯塞．康維爾博士（Dr. Russell Conwell，一八八四年創辦費城的天普大學〔Temple University〕）特別喜歡的故事。這個故事給了他靈感，讓他寫出經典的演說〈鑽石就在你身邊〉（Acres of Diamonds），並在世界各地進行了六千多場的演講。故事的寓意是：「你渴望的鑽石不在迢遙的山中，也不在遼遠的海裡；你渴望的鑽石，就在你家後院，只待你自己去挖掘。」

天普大學的第一位學生，是在聽了康維爾博士的演講後，深受啟發，於是跑去找他。這個人渴望接受教育，但卻付不起學費，康維爾博士當場收他為學生。這名學生後來服了公職，官運亨通，一路升到了十分顯赫的官職。

我相信這個故事一定是真的。因為當我年輕時第一次讀到康維爾博士的演講稿，同樣也深受啟發，這篇講稿直到今天都還啟發著我、鼓舞著我。我的運氣很好，挖掘到一顆又一顆的鑽石，這些鑽石全都是在我自己的「後院」——一座我從沒去過的城市——中挖到的。

我是土生土長的紐澤西人，初次與費城邂逅，是在一九四五年感恩節前夕。當時，第二次世界大戰剛結束不久。

我和雙胞胎弟弟大衛（如今他已不在人世）一起出發，十六歲的我們從布萊爾中學搭公車，第一次來到這座「兄弟愛之城」（City of Brotherly Love）[6]，為的是要和父母親一起過節。

我哥哥威廉當時十八歲，正在海軍陸戰隊服役。我們的雙親剛搬到費城郊區的阿德謨（Ardmore），住在一棟樸素樓房的三樓，有兩個房間。那地方雖然跟鴿子籠一樣小，但也夠全家人住了——至少夠我們共度感恩節假期。我們在街角的 Horn & Hardart 連鎖餐廳共進了感恩節晚餐。稍晚，雖然是在度假期間，我還是到阿德謨郵局打工值大夜班。

就在那時候，我找到了我的第一顆鑽石。嗯，這麼說吧：就算不是在費城找到的，也是在那附近找到的。布萊爾中學給了我很好的教育，讓我為上大學做足了準備。最後，我獲得普林斯頓大學（Princeton University）的入學許可。普林斯頓大學怕我擔心錢的問題不去念，不僅給我全額獎學金，還提供在大學食堂裡端菜打飯的工作（又是當服務生！看來我一定是天生注定要當服務生！）。大二以後，我就在體育協會（Athletic Association）的售票處工作，大三、大四期間，我還負責管理其中一個部門。

大學期間的我，接了一大堆的暑期打工（有一份工作是在當地券商當跑腿小弟；另一份工作是為《費城晚報》〔*Philadelphia Evening Bulletin*〕採訪警察巡邏區的新聞）。我工作十分賣力，工時也很長，不過，當時的我卻樂在其中（現在也還是如此）。我在成長階段得到一個很寶貴的收穫，就是自己的花費得自己掙。在漫長的工作生涯中，我從不把工作當做只是工作而已，唯一的例外，是保齡球館的排瓶員，那可真是一份永無止境的工作呀！

共同基金「雖然小，但很有爭議性」

我在普林斯頓就學期間，父母的婚姻觸礁了。父親搬到紐約，而我摯愛的母親則留在費城，當時的她已經病得很重了。一九五一年畢業後，我原本打算回費城照顧她，但造化弄人，我沒能如願回去。母親在一九五二年與世長辭。

我在普林斯頓大學念書的時候，頂著一顆小平頭，活脫脫就是一個乳臭未乾、理想天真的年輕人。我念經濟系，學士論文決心要寫一個從來沒有人寫過的題目。我不想寫凱因斯（John Maynard Keynes），也不想寫亞當．斯密（Adam Smith）或馬克思（Karl Marx），我想寫一個全新的題目。

這一定是上天注定的。一九四九年十二月，那時正努力尋找題目的我，在翻閱當期的《財星》（*Fortune*）雜誌時，看到一百一十六頁有篇文章〈波士頓的大錢〉（Big Money in Boston），談的是一個我聽都沒聽過的金融工具——共同基金。上頭說，共同基金這個產業「雖然小，但很有爭議性」，我馬上就決定了，這就是我想寫的題目。只是我當時並不知道，這是我生命中的另一顆鑽石。

我花了一年的時間，努力研究共同基金這個產業，最後終於完成論文。我把論文寄給這一行的幾位重要人物，其中一位是瓦特．摩根（Walter L. Morgan），他是共同基金業的老前輩，創辦了總部設在費城的「威靈頓基金」（Wellington Fund），他同時也是普林斯頓大學一九二〇年班次的畢業校友。他對我的論文十分激賞，當下批示：「對一個毫無商場實戰經驗的大學生來說，這篇論文堪稱相當優秀。基於此，我們決定延攬伯格先生到威靈頓公司上班。」一九五一年畢業後（我以極為優異的成績畢業，這都得感謝我的論文），我隨即進了共同基金這一行。

這輩子，我從來沒後悔進到這一行。打那時起，我就一直為這家公司效勞，直到現在。誠如你即將看到的，我仍持續以某種方式，為這家公司效勞。

瓦特．摩根過世後，他的一些好友告訴我，瓦特．摩根視我如子。我無從得知這說法的真實性，不過對我來說，他的確就像個父親。他對我一直都很照顧，是我最信任的師父，在我漫長的職涯裡，他給了我第一份工作。摩根先生也是我的靠山，在我對自己還沒什麼信心的時候，他就很看好我；他也給我很大的力量，讓我得以安度每一次成功，以及隨之而來的慘敗。

我在一九五一年進入了「威靈頓管理公司」（Wellington Management Company）。當時，共同基金業只是個很小的產業，但這家公司卻是這一行中，舉足輕重的一家。他們只管理一檔共同基金，也就是「威靈頓基金」，這檔共同基金的資產只有一億五千萬美元。不過，公司正迅速成長中。

到了一九六〇年代初期，我已經把這一行的各方面都摸透了，沒多久，我儼然成了瓦特·摩根的接班人。一九六五年初，我當時才三十五歲，摩根先生有一天告訴我，等他退下來以後，這家公司將會由我來接掌。

不過，對我來說，在當時這還不算是一顆鑽石。因為，這家公司正處於風雨飄搖之中。摩根先生告訴我，要解決公司在投資管理上的種種問題，我得「放手一搏」。

一扇門關上，另一扇窗打開

當時的我剛愎自用，容易衝動，又很天真幼稚。我找了一家位於波士頓的公司來合併，希望他們能協助我解決公司的種種問題。合併協議是在一九六六年六月六日簽署的，當時股市正值牛氣沖天的牛市，我們合作愉快，一直到一九七三年年初之前，我們之間都是水乳交融的。可是，後來股市崩盤，暴跌五〇%，我和這群新合夥人——一群年輕氣盛的基金經理人——害得我們的投資人損失慘重。我們其中一檔基金的資產淨值，整整暴跌了七五%！

到了一九七四年年底，股市的崩盤讓我們吃盡苦頭，大多數的投資人都把資金抽走了，我們管理的資產一下子從三十億美元掉到十三億美元。我和合夥人一言不合，吵了起來，這應該一點也不令人意外吧。後來，董事會開會投票，我的對手得票比我多，他們叫我捲鋪蓋走路，我被迫離開這家我以為是我的公司的公司。更糟糕的是，他們還打算把威靈頓管理公司搬到波士頓。我才不會離開這裡呢。

我熱愛費城，這座城市對我太好了。我已經在這裡落地生根、安家立業，也找到更多令人意想不到的大鑽石。一九五六年，我和這輩子的摯愛、土生土長的費城女孩伊芙結婚。到了一九七一年，我們已經育有六名乖巧可愛的子女（他們日後還為我們生了十二個白白胖胖的孫子孫女）。當時，我們打算留在這裡，於是我在心中如此盤算著：當威靈頓管理公司的生涯之門關上了，就應該要打開另一扇窗戶，而且，這扇新窗戶還必須開得夠大，讓我得以繼續留在費城。

扭轉局面並不是件簡單的事。曾經有人指出，我具備兩個特質：「理想主義者的頑固，以及街頭小霸王的靈魂。」事實上，要不是這兩種特質，我或許連試都不會去試。

而我當時發現，威靈頓所管理的基金（由股東所擁有）和威靈頓管理公司（有很多散戶股東，但主要是被少數合夥人——就是把我炒魷魚的那票人——所把持）之間，在組織結構上有些不同。於是，經過漫長艱苦的奮鬥之後，我利用了它們之間的小矛盾，開創了全新的事業生涯，也因此找到了更多我原本連想都不敢想的鑽石。

在複雜的問題中找尋機會

事情是這樣的：威靈頓管理公司管理多檔共同基金，但這些基金的董事會，並不受威靈頓管理公司控制。因此，我向這些基金的董事會建議，他們應該採取一種史無前例、獨一無二的架構，也就是：由基金的董事會自己，來管理基金的事。

我的想法非常簡單。共同基金為什麼需要聘外面的公司，來管理屬於基金內部的事（在當時，這是我們這一行行之有年的做法）？共同基金本來就要能管理自己的事，何況，這麼做還能夠省下一小筆費用。如此一來，我們可以變成貨真價實的「共有式」（mutual）共同基金（mutual fund）。

這場仗打得很辛苦，歷時八個月，搞得人仰馬翻、爭吵不休，基金的董事會分裂成兩個幾乎勢均力敵的陣營。不過，這個新架構最後還是通過了[7]。

我用英國海軍名將納爾遜（Horatio Nelson）所指揮的旗艦「先鋒號」（HMS

Vanguard），來為新公司命名。一七九八年，英國艦隊在「尼羅河之戰」（Battle of the Nile）大敗拿破崙，納爾遜當時指揮的戰艦，就是先鋒號。我以先鋒號來命名，是打算傳遞一個訊息：我們「先鋒集團」（Vanguard Group）身經百戰，一定會在共同基金的戰爭中取得勝利，而我們先鋒集團也會成為——就像詞典對「先鋒」二字的定義——「引領新潮流的帶頭者」。

然而，我的提議還是沒有全盤被接受。基金的董事們只允許由先鋒集團（現在為共同基金所有）來掌管行政事務，我們在一九七五年五月開始運作，只能負責營運、法律和財務方面的事，但不能碰投資管理和銷售。共同基金的管理，主要有三方面：行政、投資管理和銷售，而投資管理和銷售這兩項是比較重要的。我非常懊惱，因為這兩項關鍵的管理重心，將會由我的對手來負責。

我如何發明史上第一檔指數基金

我們被委任的範圍太小，如果先鋒集團想要取得奮力一搏的機會，就必須擴大我們的業務範圍，必須掌握全方位的業務，包括行政、投資和銷售等方面的服務（這些服務是所有的基金集團一定要有的）。也就是說，我們必須尋找更多鑽石。

沒多久，我們就發現了一顆大鑽石。這顆鑽石，足以跟印度名鑽「光之山」（Kohinoor）媲美。前面提到的挫折，帶給我很大的刺激，於是我花了好幾個月的時間，努力鑽研一個點子。這個我已經思索了很多年、卻始終沒認真想個透徹的想法，出自我為學士論文所做的研究。我認為，共同基金「無法帶來高於市場平均水準的績效」。於是，一九七五年年底，我們成立了世界上第一檔指數型基金。

指數型基金的精髓，就在於：簡單。我們的資產組合中，會持有標準普爾五百指數（Standard & Poor's 500 Stock Index）[8]所有成分股的股票，我們依每支股票的市場權重來持有，然後追蹤它們的表現。

我們所推出的指數型基金，被市場譏笑了很多年，直到差不多十年後，才有人跟進仿效。這檔新基金剛成立時，取名為「第一指數投資信託」（First Index Investment Trust），現在已經改名為「先鋒五百指數型基金」（Vanguard 500 Index Fund）。剛開始時，這檔基金只有一千一百萬美元的資產，還曾被同行戲稱是「笨蛋伯格的把戲」。

但是，這檔基金成功了。這是世界上第一檔指數型基金，所賺到的複利報酬（compound return），比傳統股票型基金的報酬來得高，這檔基金，後來也成為世界上規模最大的基金。如今，先鋒集團擁有八十二檔指數型基金，先鋒五百指數型基金只是其中一檔。在先鋒集團目前擁有的一．三兆美元資產中，這八十二檔基金就占了將近一兆[9]。

用《聖經》「詩篇」一一八篇的話來說，「匠人所棄的石頭」，成了我們事業成功的「磐石」。

不過，新公司的誕生過程可是一波三折的。我們好不容易才說服董事會，相信我們沒有撈過界。我向他們強調，指數型基金是不需要「管理」的，這種基金只是把標準普爾五百指數中的所有成分股全給買了。話雖如此，實際上藉由這「準管理」的步驟，我們也終於切入了基金的「投資管理」業務。

接下來的問題是，我們應該如何把業務範圍，拓展到銷售方面的服務呢？嗯，再找到一顆鑽石就好了嘛！而我們也的確找到了。

我們想到的點子，就是：消滅通路，摒棄股票經紀人的人脈網絡。將近半個世紀以來，股票經紀人的人脈網絡，一向是威靈頓公司的金雞母。然而，我們不再依賴銷售人員來銷售基金了，我們決定讓投資人自己去買。這個巨大的變革，暗藏著巨大的風險，但也隱含巨大的機會。

一九七七年二月七日，我們又僥倖在董事會上打了一場勝仗。我們在一夕之間，做出前所未有的重大變革：決定採用免手續費的銷售制度。又一次，我們抓住對的方向。我們的經營成本低得讓人不敢相信（這已經變成我們的註冊商標了），這都得歸功於採取共有式結構，並且嚴格控制成本。我們的基金是不收銷售佣金的，事後證明，這麼做才是合理的，而且我們推出的時機也很好，這個世界越來越重視「消費者選擇」和「尋找價值」。我們銷售策略的座右銘是：「只要準備好，自然有人來。」這句話如今很多人都耳熟能詳，在《夢幻成真》（*Field of Dreams*）這部電影裡，這句話讓男主角在愛荷華州的農田裡，建了一座棒球場。我們努力了好多年之後，投資人真的來了，最初是幾千人，接著來了數以百萬計的人潮。

終於，我們贏得了美國證管會的背書

然而，先鋒集團經過這幾次奮鬥所積攢到的鑽石，還不算是歸我們所有。我們只是借用而已，因為「美國證管會」（Securities and Exchange Commission，簡稱ＳＥＣ）發給我們的，只是一種暫時令，讓我們得以踏出關鍵的一步。而不可思議的是，當時經過了長達一週、十分冗長無聊的聽證會之後，證管會竟然**否決**了我們的做法。我真是不敢相信，因為我們所做的努力，對投資人是真的有好處的。於是我們提出上訴，經過了為期四年的漫長奮鬥，我們終於獲勝了。一九八一年，證管會改變初衷，批准了我們的計畫，並以矯揉做作的語氣，寫下這樣的結論：

> 先鋒集團的計畫……讓「一九四〇年投資公司法」（1940 Investment Company Act）更往前推進一步……對基金投資人的資訊披露有所改善……明顯提升了基金的獨立性，〔並且〕為基金提供了更健康的經營架構。

從各方面證實，證管會這番話，還真有先見之明。

因此，我們的「鑽石」沒有被波士頓那邊的人搶走，最終還是永遠握在我們手中。或者，更精確地說，是永遠握在基金投資人的手中。這顆「鑽石」永遠地留在大費城區——威靈頓公司（於一九二八年成立）以及先鋒集團（於一九七四年成立）的誕生地。

你或許會想，這裡的鑽石儲藏，應該已經被我開採光了。但神奇的是，事後證明，還有一顆大鑽石，正等著我去挖掘呢。

有趣的是，我即將發現的下一顆鑽石，竟然也在我家後院，而且，還是一顆全新的心。就像玩撲克牌的時候，紅心總是比鑽石（diamond在英文中，也指撲克牌中的方塊牌）大，在現實生活中，也是如此！

我在一九六〇年第一次心臟病發作，從那時起，我就為心臟病所苦，後來陸續發作過幾十次。到了一九九五年，我的心臟壞得差不多了，只剩下一半的心臟還在跳動。那年秋天，我住進費城的哈尼曼醫院（Hahnemann Hospital）。一九九六年二月二十一日，我總算動了心臟移植手術，換了一顆新的心臟。光是住院等心臟，就等了一百二十八天，院方還全天候從我的靜脈，幫我注射刺激心臟的藥物。

說也奇怪，儘管命在旦夕，但我從不覺得自己就快死了。不過，我也沒想到自己會活下來。在那種時候，不管考慮哪一邊好像都怪怪的。總之，我活了下來，體內植入一顆新心臟（是一位匿名捐贈者送給我的大禮），醫生、護士都對我悉心照顧，簡直就像我的守護天使。

如今，新心臟在我的體內跳得十分起勁，我的身體健康，已經存活超過十二年了。所以，我深信世上沒有一個人比我更有福氣。「我家後院的鑽石，比別人家多。」康維爾博士，你說得沒錯！

太在乎成功，卻不重視人品的社會

我非常樂意為你們細數，我的人生和事業上的每一顆鑽石，因為我深信，每一位讀者都和我一樣幸運。你們一定也挖到鑽石了，或許已經挖到了不少顆，只要你們願意停下腳步，花點時間來想一想，你們就會明白我的意思。

可是，我們就和康維爾博士的寓言中所說的富有農場主一樣，經常在追逐虛幻的財富，卻對腳底下的真正財富視而不見。請注意，我說的是「我們」，我自己也犯過同樣的錯誤。

老天爺對我真的很不錯，賞給我無數的鑽石，足夠我過美好的人生。我也希望能對家庭、公司、產業甚至整個社會，有所貢獻。

然而，在二十一世紀一開頭的這幾年裡，我越來越憂心，我覺得我們這個社會走錯了路。我猜寇特．馮內果和約瑟夫．海勒應該也是英雄所見略同，除了在宴會上點到了金錢與投資上的「夠了」，他們的作品，也反映了我們這個社會早已接受並習以為常的荒謬與不義。

在美國的金融體系中，我們只關心金融市場可能會帶來的報酬，但卻忽略了美國金融體系所榨取的過多費用，也忽略了投機交易，會因為留下交易紀錄而被課過多的稅，更忽略了財政入不敷出會給政府帶來通膨壓力。而這些問題，在在侵蝕了金融市場可能會帶來的報酬。我們忙著搞愚蠢的短期投機，對明智的長期投資卻避之唯恐不及。我們無視於「簡單」的真鑽石，反而去尋找「複雜」的假鑽石。

在企業經營上，我們太重視計算，卻不重視信任與被信任。我們把（事實上，我們幾乎是用強迫的）專業搞得像是生意，但我們應該反其道而行才對。很多公司（它們創造產品與服務）已經拋棄了專業價值觀，但我們應該鼓勵它們重拾才對。

銷售和推銷，我們已經太在行了，但信任和服務，我們卻做得太少。我們常像經理人般的在思考（也就是：把事情做對），但卻缺少了領導人的思維模式（做對的事情）。

在生活中，我們經常讓不切實際的虛妄勝過真實。我們太重視有形的**物質**，卻忽略了真正能讓事物具有價值的，其實是那些**無形的**資產。我們太在乎**成功**（這個詞我一向很反感），卻不重視**人品**。假使沒有人品的話，成功是毫無意義的。

邁入二十一世紀，我們身陷「立即滿足」與「急迫地積累資訊」的壓力之中，把十八世紀的啟蒙價值觀忘得一乾二淨。我們渴望追求個人滿足，這個錯誤的念頭蒙蔽了我們，害我們無法聽見真正的召喚，害我們無法為我們自己、為我們的社區、為我們的社會，賦予工作真正的意義。

找到正確的財富，你需要多一點人文

我在美國各地發表著這些看法，有時候，會覺得自己就像《紐約客》（*New Yorker*）雜誌的漫畫中，那些手持標語的先知（「末日近了，你們應當悔改！」）。我想傳達的訊息很少被主流業者注意（而且往往被企業與金融業的主管們誤解），但老實說，我要說的話老早就有人說過。早在兩千五百年前，蘇格拉底面對雅典城邦公民所做的申辯，就是想傳達這個訊息。

公民們！我尊敬你們，也愛你們：但是身為這座偉大、強盛城邦的公民，你們為何只圖名利，不關心智慧和真理，不求改善自己的靈魂？你們難道不覺得羞恥嗎？……因此我不做別的事情，只是勸說大家，敦促大家，不管老少，都不要只顧個人和財產，首先要關心改善自己的靈魂，這是更重要的事情。我告訴你們，金錢並不能帶來美德，美德卻可以給人帶來金錢，以及個人和國家的其他一切好事。[10]

我可不敢拿自己跟蘇格拉底比。我這一生很幸運地、過得很充實，而且就和蘇格拉底一樣，我對金錢自成一套見解，我對「在企業經營與專業方面，什麼事情能令我們感到驕傲，什麼事情會令我們覺得羞愧」有自己的看法，我對「人生中，什麼是錯的財富，什麼又是對的財富」也有所體悟。我之所以要把這些想法公諸於世，就是希望——借用馮內果最愛的名言之一——能用一些些的人文思考，來毒害諸位的心靈。

1 譯註：寇特．馮內果（Kurt Vonnegut），美國黑色幽默作家。約瑟夫．海勒（Joseph Heller），美國著名作家，代表作即是《第二十二條軍規》（*Catch-22*）。

2 根據「國際貨幣基金會」（International Monetary Fund）所言，這場危機是「美國自經濟大蕭條以來最嚴重的金融危機」（引自John Cassidy, "Loan Rangers," *New Yorker*, July 28, 2008, 23）。

3 譯註：艾麗斯島（Ellis Island），美國上紐約灣的一個島，一八九二到一九五四年間是美國主要移民檢查站。

4 譯註：也就是愛德華八世，退位後被封為溫莎公爵。

5 譯註：托馬斯．麥考萊（Thomas Macaulay），英國著名史學家。

6 譯註：費城是美國第五大城，也是賓州最大城，全名是Philadelphia，取自希臘語，意為「兄弟之愛」。

7 如果不是已故的小查爾斯．魯特（Charles D. Root, Jr.）鼎力相助，這個對我有利的局面根本不可能出現。小查爾斯．魯特是威靈頓基金獨立董事團的主席。謝謝你，查克（查爾斯的暱稱），沒有你，先鋒集團可能就不會成立了。

8 譯註：根據美國前五百大上市股票所編製的市值加權平均指數，由於該指數的成分股囊括所有美國主要產業，因此常被用來衡量美國的整體經濟表現。

9 嚴格來說，我們實際上只操作四十五檔「貨真價實」的指數型基金。但我認為另外有三十七檔（主要是收費很低廉的債券與貨幣型基金），也可以算是指數型基金。

10 引自柏拉圖《自辯》（Plato, *The Apology*）。

金錢

I 費用太多，價值太少

我想引英國十九世紀的一段諺語，稍加更動，來做為開頭：

有些人，靠大自然和雙手餬口；這叫做工作。

有些人，靠「那些靠大自然和雙手餬口的人」餬口；這稱為買賣。

有些人，靠「那些靠『那些靠大自然和雙手餬口的人』餬口的人」餬口；這叫做金融。

就算放在今天來看，這段話說得還是太好了，把金融體系與經濟之間的關係，說得再貼切不過。

美國金融體系的遊戲規則，從來就沒變過。我把這套遊戲規則稱為「簡單算數鐵則」（The Relentless Rules of Humble Arithmetic），這個說法，是美國大法官路易斯．布蘭代斯（Justice Louis Brandeis）首先提出來的。簡單說，這套遊戲規則是這樣的：

- ❖金融市場所產生的利潤，減去金融體系的費用，就等於投資人實際上拿到的「淨報酬」。
- ❖因此，不管投資人在股、債市中賺到多少報酬，只要金融體系先把金融中介（financial intermediation）的費用扣下來，再把剩餘的付給投資人，那麼，如果金融體系收取的費用太高，投資人就很難存到老本。
- ❖金融體系拿走的越多，投資人賺到的越少。
- ❖投資人位於投資食物鏈的最下方，負責供養整個投資食物鏈，可是，這個投資食物鏈，卻向投資人收取很高的費用。

綜合上面幾點，我們可以得出一個真相：金融體系，奪走了我們社會的價值。

當代的美國金融體系，就是如此。這種情況已經行之有年，就像金融業也已經存在幾十年，如今成了支撐美國經濟最重要的一個產業。

今天的我們，好像不需要再製造任何東西，只需要交換幾張紙，輪流持有股票和債券，然後付給金融機構一大筆錢。不只如此，我們還發明了更複雜的衍生性金融商品，為金融市場加入更多風險，最後，我們所必須付出的代價也更高。

投資大師華倫．巴菲特（Warren Buffett）的合夥人兼左右手查理．孟格（Charlie Munger）是這麼說的：

> 大部分賺錢的活動，都會帶來極大的「反社會」效果……當愈來愈多人從事這種代價高昂的活動……一種糟糕的趨勢也會更加惡化——愈來愈多原本正正派派的年輕人才，被吸引到高薪的財富管理業，而捨棄了可以為社會創造更多價值的工作。[1]

和孟格先生一樣，我也很擔心年輕的人才，大量擁進這個吞噬價值的產業。

我對大學生演講的時候，經常語重心長地勸他們。不過，我從來不會勸他們別進這一行，這一行的薪水太誘人了，光是靠說幾句話，是無法打消年輕人想進這一行的念頭的。

相反的，我要這些初生之犢們在踏進這一行之前，先想想以下三件事。正在讀這本書的你，不管你們打算從事什麼行業，我希望你們也能想想這三件事，把它們運用到你的日常生活中，讓它們幫助你看清楚：在追逐幸福與快樂的同時，你是否忘了「夠了」的道理。

賺到合理報酬的唯一方法

二〇〇七年五月，金融業正在熱頭上，我在喬治城大學（Georgetown University）的畢業典禮上發表演講，我是這麼說的：

❖第一，如果你們進的是金融這一行，就要把眼睛睜大一點。你們得認清楚，企圖從客戶的身上榨取價值，日子一久，就會越來越難榨取，最後，會玩火自焚。華爾街有句老話——錢是沒有良心的。這句話固然沒錯，不過也別因為聽信了這句話，而泯滅了自己的良心，也別因為這句話，就改變自己的行為和人品。

❖第二，當你們想要儲蓄退休老本而開始投資，那麼，你們一定要記得：把金融體系所榨走的費用降到最低。也就是說，你們應該投資美國與全球股市的指數型基金——也就是像我們先鋒集團這樣的基金。沒錯，這個建議的確符合我的利益，但這是唯一可以確保你們能夠從金融市場中賺到合理報酬的方法。

❖第三，不管你們日後進哪一行，你們都得努力擁護那一行的專業價值觀，也就是：永遠都要把服務客戶，當做最首要任務。今天，這樣的傳統專業價值觀，正快速的瓦解中。此外，不要漠視你所屬的社區、國家和世界的「多數人利益」（greater good）。誠如威廉·賓[2]所言，「我知道我只能活出生命一次，因此，如果我可以向其他同行生命路的人顯出任何恩慈，或做出任何善行，讓我現在就去做，不推辭也不疏懶，因為我不能在這路上再走一次。」

事後證明，我在那場演講中提出的警告，不僅一語成讖，也說得恰到時候。金融業，果然自食惡果了。

二〇〇七年七月，就在我演講完兩個月後，從花旗集團（Citigroup）、美林（Merrill Lynch）與貝爾斯登（Bear Stearns）等大型投資銀行開始，金融業紛紛垮台；先前金融業不顧後果所推出的高風險工具，全部灰頭土臉；許多業者的資產負債表上，資產價值紛紛蒸發。算到二〇〇八年年中，金融業資產蒸發的金額就已經高達九千七百五十億美元，而且數字還在持續增加中。

對金融業有好處，對你一定沒好處

我在喬治城大學發表演講時提到，標準普爾五百指數成分股的所有企業，在二〇〇六年總共賺了七千一百一十億美元，其中光是金融業，就賺了二千一百五十億美元，占了約三〇%；如果把大企業（例如奇異電氣〔GE, General Electric〕）金融部門的獲利也算進來，也許會高達三五%。

這種金融業主導美國經濟與股市的現象，是十分驚人的。能源企業與科技企業很會賺錢吧，但這兩大產業所賺的錢**加起來**，還沒有金融業高。比起醫療業與大型的工業，金融業的獲利更整整多出**三倍**左右。

但是，到了二〇〇七年年底，金融業的利潤腰斬了將近一半，那一年才賺了一千二百三十億美元。二〇〇七年，標準普爾五百指數成分股的所有企業，總共賺了六千億美元，金融業的獲利原本占三〇%，那一年卻縮水到只占一七%。至於那一年標準普爾五百指數成分股的所有企業，獲利全都衰退，衰退的原因當中，有九成都是金融業造成的。二〇〇八年，這齣慘劇仍在繼續進行。真是惡有惡報。

但，真的惡有惡報嗎？投資人購買了金融業者發明的高風險債權憑證（debt obligation）[3]，損失了好幾千億美元；裁員潮一波波，金融業已經有二十多萬人丟了飯碗，然而，大多數投資銀行的管理高層依然坐享高得令人瞠目結舌的薪水。

這讓我想到一個最近讀到，但也許是捏造出來的故事：就在不動產抵押債券市場崩盤以後，有個投資銀行家告訴他的同事：「我有一個壞消息和一個好消息。壞消息是，我們損失了大筆金錢，好消息是：那不是我們的錢。」

這個故事，其實也提醒了我們：在大多數的情況下，對金融業有好處的，對你一定沒好處[4]。

靠失敗發財的有錢人

我們先來看看金融業三位呼風喚雨的執行長吧。他們三位辜負了客戶與投資人，但卻領取高得嚇死人的薪資。

❖二〇〇三年十月，查爾斯・普林斯（Charles Prince）出任花旗集團的執行長，花旗的股價當時是每股四十七美元。雖然這家銀行有幾年表現得很不錯，可是後來便開始涉足風險很高的投資組合。在短短五年內，便出現了巨幅的虧損。到目前為止，他們已經有二百一十億美元的資產憑空蒸發。花旗集團的獲利在二〇〇六年每股是四．二五美元，到了二〇〇七年，每股的獲利只剩〇．七二美元。花旗集團賺錢的時候，普林斯先生賺走了一億三千八百萬美元的報酬，但在闖下大禍以後，他卻無須罰錢。二〇〇七年十一月四日，他辭職下台[5]。

❖美林的執行長史坦利．歐尼爾（Stanley O'Neal）的情況也很類似。美林的投資組合風險也很高，二〇〇七年年底，危機引爆，他們慘賠了一百九十億美元，該年發布的每股淨損是一〇．七三美元，他們的股價，從每股九十五美元下跌到二十美元以下。然而，從二〇〇二年到二〇〇七年，歐尼爾先生總共拿到一億六千一百萬美元的酬勞，而且完全沒有因為經營績效不好而受到影響。他在二〇〇七年十月辭職，董事會還全額支付他的退休金計畫，給了他一億六千萬美元，他總共從美林拿走了三億二千一百萬美元[6]。

❖最離譜的，也許是貝爾斯登（Bear Stearns）的執行長詹姆斯．凱恩（James E. Cayne）。從一九九三年到二〇〇六年，貝爾斯登的股價從每股十二美元漲到一百六十五美元，凱恩也拿到二億三千二百萬美元的酬勞。然而，貝爾斯登的投資組合風險太高，大多數資產都不能立即變現，加上高度的財務槓桿操作（他們的資產大概是資本的三十五倍，相當於用一塊錢做三十五塊錢的生意），害得貝爾斯登瀕臨破產邊緣。最後，美國聯邦準備理事會（the Federal Reserve）不得不出面擔保貝爾斯登大多數投資的價值，摩根大通（JP Morgan Chase）這才答應以每股二美元的股價來收購這家公司，收購價最後提高到每股十美元。從高點起算，投資人虧損了大概二百五十億美元。然而，凱恩先生早就拿走了數百萬美元的報酬。凱恩在貝爾斯登也有持股，價值一度高達十億美元。他在二〇〇八年三月賣掉股份，拿回六千萬美元。這筆錢不算少了，其他投資人賠得更多；還有數千名無辜員工受他連累，連飯碗都丟了[7]。

套用英國政治家邱吉爾（Winston Churchill）的話：「我們從來沒有付過這麼多錢給這麼多人，卻換來這麼少的回報。」[8]

不管賺錢賠錢，你都是冤大頭

過去幾十年來，美國那些金融業大咖都賺到很多錢（他們從投資人身上榨取了很多不義之財）。不過，他們的財富和避險基金經理人比起來，可真是小巫見大巫了。

避險基金經理人當中酬勞最高的前五十名，光是在二〇〇七年，總共賺進了二百九十億美元[9]。如果你一年沒賺個三億六千萬美元，根本擠不進前二十五大。沒錯，對賭很大的人來說，投機（不管是在華爾街、賽馬場，抑或是拉斯維加斯）的確能帶來巨額的報酬。

據《紐約時報》報導，二〇〇七年賺最多的避險基金經理人是約翰．鮑爾森（John Paulson），他拿到三十七億美元的報酬。據說他的公司——鮑爾森避險基金公司（Paulson & Company）——為客戶賺進二百多億美元。鮑爾森是靠做空不動產抵押貸款證券（mortgage-backed securities）[10]，靠著極為成功的投機交易，幫公司客戶賺進了大把鈔票，而他也分到很大一部分做為酬勞。有誰不羨慕他呢[11]？

我就不會！我認為，避險基金經理人賺到天價酬勞，是一種「不對稱」（asymmetry）的結果，一點都不公平。從事投機交易的時候，賭贏的經理人固然賺得荷包滿滿，但賭輸的經理人，卻不用付出什麼代價。

比方說，假設鮑爾森公司認為，不動產抵押貸款證券或擔保債權憑證（collateralized debt obligation，簡稱ＣＤＯ）[12]會暴跌，並進而押注且賭贏了——也就是說，在信用違約交換（credit default swap，簡稱ＣＤＳ）[13]的投機中選對邊，那麼，賭那些ＣＤＯ（或ＣＤＳ）會上漲的公司就賭輸了。假如賭輸的那一方輸掉二百億美元，但賭贏的經理人——正如我們所知道的——卻沒有把贏來的二百億美元全部還給客戶。就這樣，金融業撈走了大筆費用，就算害得客戶們輸個精光，他們仍然是獲益者。

為了方便你們理解，我來舉個例子。假設你投資了一檔「避險基金的組合基金」（fund of hedge funds），而這檔基金的經理人，委託另外兩名避險基金經理人，負責操作相同的額度。這兩名避險基金經理人各自壓寶在我剛剛描述的投機交易的其中一方。假設其中一個人賺了三〇%，另一個人賠了三〇%，那麼，買了這檔基金的你，就會剛好打平，沒賺沒賠。

問題是，你必須支付費用給那位幫你賺了三〇%的經理人——比方說賺來的三〇%中的二〇%，也就是你所投資的金額的六%，加上他原本就收二%的管理費，所以你一共得付給他八%。另外，那位賠錢的經理人雖然操作賠了錢，但你還是要付給他二%基本的管理費。所以，平均下來（八%加二%，再除以二），你這個帳戶必須付出去的費用是五%。

還有，接下來你還得付給這檔「避險基金的組合基金」的經理人二%的費用。因此，儘管你的投資組合為你帶來的收益是零，你的本金已經損失七%了。

就這樣，金融業又贏了，投資人又輸了。

當年輕人爭相擁入金融業

這幾年來，避險基金經理人賺進了大把鈔票，投資銀行家也賺進了優渥的薪水與分紅，商學院的畢業生看了自然很羨慕，因此，華爾街也就成為他們就業的首選。儘管查理．孟格和其他業內人士早就提出警告，但年輕人才還是如潮水般湧進金融業。他們源源不絕地進來，正好為金融市場補充早已失去的動能。

特許財務分析師（Chartered Financial Analyst，簡稱CFA）[14]的人數已經創下紀錄，目前的人數有八萬二千人。知名財經雜誌《霸榮》（*Barron's*）週刊最近報導，「特許財務分析師今年報考的人數超過十四萬人（這也創下紀錄了），這些人從世界各地遠道而來，為了拿到夢寐以求的『特許財務分析師證照』，耐心地排隊參加考試。」[15]

這麼多人想要從事這一行，或許我應該感到高興。畢竟，我為這一行奉獻了一輩子。然而我卻擔心著，這些搶著要進金融業的人，心裡想的是自己能從社會撈到多少好處，而不是自己能給社會帶來什麼幫助。而且，我敢說，他們所服務的金融業所收取的費用，整體來說將會超過他們所創造出來的價值。這，就是我希望你們好好重視的問題：**美國金融業所收取的費用，與所帶來的價值，是脫鉤的。**

股票，沒有你想像中那麼好賺

先來談談費用吧，因為這最容易幫助你把問題看清楚。

過去五十多年來，股票的平均（名目）年報酬率是一一%。換言之，假如你在五十多年前投資一千美元股票，到了今天，這些股票的價值就會是十八萬四千六百美元[16]。還不賴吧？

可是，對散戶來說，投資股票是得花錢的，你得交申購手續費、管理費、贖回手續費、顧問費、廣告費、律師費等等。這些費用，據估計每年至少有二%。如果我們把這些費用扣掉，即便是以每年二%的費率來扣除，每年的**淨報酬率**就會降到九%。而如果用九%來換算，今天這些股票的價值就會降到一半以下，只剩七萬四千四百美元。

此外，散戶投資人通常還得繳稅。我們假設，該筆報酬需要繳的所得稅和資本利得稅（capital gain tax）[17]的稅率，每年只有一．五%，這一來，投資人的稅後報酬率就會降到七．五%，而依此推算，投資人累積到今天的財富又會少掉一半，只剩三萬七千美元。

「複利**報酬**」的魔法，就這樣被「複利**成本**」（compounding cost）摧毀了。**我們原本能夠賺到的錢，約有八成就是這樣從人間蒸發的**。請注意：過去五十多年來，每年的通貨膨脹率平均是四·一％，因此扣掉費用和稅金，再經過通膨調整之後，原本投資的一千美元，今天的價值並不是——還沒扣掉費用、稅金與通膨調整的——十八萬四千六百美元，而是區區的五千三百美元！

天下沒有神準的選股魔法師

今天，美國金融業者之所以能夠收取高昂的費用，正是因為我們已經把傳統的投資標準全拋到腦後了。傳奇投資大師，也是證券分析之父的班傑明·葛拉漢（Benjamin Graham）說得好，他在一九六三年五／六月號的《財務分析師期刊》（*Financial Analysts Journal*）上這麼寫道：

> 我認為——無論是過去或未來——一個聰明且訓練有素的財務分析師，能夠為各種不同的人提供投資上的建議，這正是這一行存在的價值。而且我也認為，財務分析師要達成這項任務，只需要遵守幾條簡單的原則，例如：適度平衡債券和股票；適度分散風險；挑選具有代表性的投資標的；拒絕從事不符合客戶財務狀況或投資天性的投機操作。身

為財務分析師，他不需要是選股神準的魔法師，也不需要對市場動向未卜先知。

所有認識我的人都知道，長期以來我始終相信「平衡」、「分散」、「把焦點放在長期」等幾個簡單的概念。我也不相信，那些號稱會選股、能預測市場趨勢的魔法師們，真能持續地賺到錢。

我在五十七年前踏進共同基金這一行時，基金經理人幾乎都是用葛拉漢的方法投資的。那時候，絕大多數股票型基金的投資組合，大都是分散投資多檔藍籌股（blue-chip stocks，也就是績優股），負責管理的經理人也都是採取長期投資的策略。他們避投機唯恐不及，會收取──以今天的標準來看──微不足道的費用，為投資人帶來接近於大盤表現的報酬。從這些經理人的長期投資績效來看，他們根本不是什麼「很會選股的魔法師」。

年復一年，多少價值灰飛煙滅

今天，如果有基金經理人敢說自己是奇才，那他一定是個善於從投資人身上榨取錢財的奇才。

二〇〇七年，共同基金所收取的直接費用（大都是管理費、操作與行銷費用）總計超過一千億美元，基金也付給券商和投資銀行（並間接付給律師和其他經手人）數以百億美元計的交易手續費（transaction fees）。此外，基金投資人每年付給理財顧問的顧問費，估計也在一百億美元之譜[18]。

基金業者們辯稱，在整個金融業當中，基金所收取的費用其實只占了很小一部分。是的，除了付給共同基金的一千億美元外，投資人也要付給投資銀行和券商三千八百億美元，加上付給避險基金和退休基金經理人的費用，加上付給商業銀行信託部門和理財顧問的費用，加上律師費和會計費，所有的費用加起來，大概是六千二百億美元。沒有人知道正確的金額是多少，可以確定的是：這些錢，都是投資人買單的。

還有，別忘了，這些費用是每年都要扣的。假如費用維持目前的水準（我想日後是會逐漸上揚的），那未來十年投資人所要付出的費用，總計會達到六兆美元左右，也就是六千二百億美元的十倍。相較之下，美國股票市場的總市值只有十五兆美元，而美國債券市場的總市值，也只有三十兆美元。

投資人獲得的，正好是沒付出去的

在扣除費用之後，投資人的報酬落後於大盤，是個不爭的事實。但儘管如此，有人說，金融業對社會還是有貢獻的，因為這行業還是有為投資人帶來某些好處。

這種說法，掩蓋了金融業實際運作的真相：金融業，並不是在古典自由市場的環境下運作的。我們的金融市場上，處處可見資訊不對稱（information asymmetry，對賣方有利，而不利於買方）、不完全競爭（imperfect competition）和非理性。

我並不是說，金融業只懂得收費而已。金融業的確對社會有很大的貢獻：它讓我們的資金能更有效的分配，讓買方與賣方能更有效率地交易，讓資金能高度流通，讓投資人的資金能更聰明地調度；它也創造了新金融工具（通常包括了所謂的衍生性金融商品，往往複雜到令人難以想像，而且這種工具的價值，通常是從別的金融工具上「衍生」出來的），讓投資人自己決定要承擔多少風險。

是的，並不是這個行業對社會沒有貢獻，問題在於：為了得到這些好處所付出的代價，是否已經大於好處本身？至少對我來說，答案很明顯：金融業不僅是規模最大的產業，而且也是唯一讓消費者不可能買到「物有所值」的東西的產業。事實上，用最簡單的算術算一算就知道，投資人不管花多少錢，都不可能得到他們想要的結果（有趣的是，反過來說，如果他們什麼都不花，就可以得到所有想要的結果）。

一場鐵定賠錢的遊戲

過去兩百多年來，我們已經從農業經濟邁入製造業經濟，再從製造業經濟轉成服務業經濟，然後又從服務業經濟過渡到今天的金融業經濟。

但所謂金融業經濟，按定義來說，就是把生產性行業所創造的價值「扣下來」。我們來看看下面這個情況：在我們的資本主義制度中，投資企業的股東可以賺到股利，身價也能隨著企業成長而水漲船高。不過，那些想要從金融市場上取得這些「投資所得」的人，則必須**先**支付各種中介費用。因此，儘管投資企業是可以賺錢的，投資股市卻是非賺即賠的**零和**遊戲；而當扣掉支付給金融業的中介費用後，投資股市整體而言，就會變成一項**鐵定賠錢的遊戲**。

儘管今天金融業在總體經濟中所占的比重極高，而且還在快速增加之中（一直到最近才慢了下來），但據我所知，學術界從來沒有人認真地算過金融業到底從投資人的獲利中榨取了多少價值。除了我的文章以外，專業期刊至今也還沒有登過任何一篇探討這方面問題的文章——《金融期刊》（*Journal of Finance*）沒登過，《金融經濟學期刊》（*Journal of Financial Economics*）沒登過，《投資組合管理期刊》（*Journal of Porfolio Management*）沒登過，《財務分析師期刊》也沒有。我看到的第一篇文章，是肯尼斯・法蘭契（Kenneth R. French）所寫的，題目是〈積極投資的成本〉（The Cost of Active Investing）（指的是美國股市）。我是在二○○八年年中看到的，這篇文章當時準備要登在《金融期刊》上。

不能再這麼天真了。我們必須找到徹底改革資本形成（capital formation）的方法。這得多管齊下，包括教育、資訊揭露、監管、體制改革和修法等等。如果這本書能夠帶來金融業改革，也就不枉我寫這本書所花的時間了。

關鍵是，金融業一定得改革。在改革完成之前，金融業還是會繼續吃掉生產性行業所創造的價值，可以預見，未來的挑戰將會很艱巨，但我們不能繼續容忍這個問題了。

二○○七年六月，普林斯頓大學的畢業生致詞代表是主修經濟學的學生葛倫・韋爾（Glen Weyl，他在畢業一年後就取得經濟學博士學位，現在該改稱他韋爾博士），他在致詞時是這樣形容他對學術研究的熱情的：「眼前存在許多十分重大的問題，我們現在很難——而且也不應該——去想別的事情。」[19]的確，**眼前存在許多十分重大的問題，我們現在很難**

——**也不應該——去想別的事情**。充滿缺失的金融業該如何有效地運作，正是這重大的問題之一。

不只是想，我們也要深入研究這個問題，計算各種費用，把這些費用和投資人所獲得的價值（不只是他們期望賺到的報酬，還有他們理應賺到的報酬）拿來比較。

金融業賺走的費用夠多了——應該說，是「太」多了——卻沒有為投資人創造夠多的價值。金融業的確是靠那些靠大自然、靠貿易和靠做買賣的人來餬口的。為了社會大眾和投資人的權益，我們一定要改革金融業，讓它運作得更有效率。

---

1 引自查理・孟格於一九九八年十月十四日在加州聖塔莫尼卡（Santa Monica）對「基金會財務總監協會」（Foundation Financial Officers Group）所發表的演講。

2 譯註：威廉・賓（William Penn），英國貴格會（Quaker）宗教領袖，美國賓州與費城的建立者。

3 譯註：金融資產證券化的產品之一，為一固定收益債權的債券組合，發行者將一組固定收益債權加以重組證券化包裝後，再依不同信用品質來區分各系列證券銷售給投資人，債權產生的現金流量就依照證券發行條件付息給投資人。因票券發行者的數目多元化，可以降低因某一家發行者拖延債務所造成的衝擊，能使收益遠高於同等級單一資產的投資，且因各系列證券承擔的風險程度不同，投資報酬率也隨之不同，投資人的選擇也因此更為多元化。

4 不過，並不是所有的金融業都把自身的利益擺在客戶的利益之前。高盛（Goldman Sachs）的前任首席執行長沈約翰（John Thain）在二〇〇七年年底出任美林的執行長，人家問他這兩家公司哪裡不一樣，他答道：「美林真的把客戶擺在第一位。」他說的到底對不對，你得自己判斷。（譯註：美林在二〇〇八年年底出現巨額虧損，被迫賣給美國銀行〔Bank of America〕，沈約翰旋即被美國銀行掃地出門。）

5 普林斯的酬勞引自http://oversight.house.gov/documents/20080306165144.pdf。

6 歐尼爾的酬勞引自http://oversight.house.gov/documents/20080306164458.pdf。

7 凱恩的酬勞引自Landon Thomas, "Down $900 Million or More, the Chairman of Bear Sells," *New York Times*, March 28, 2008, C1，以及Andrew Ross Sorkin, "JP Morgan Pays $2 a Share for Bear Stearns," *New York Times*, March 17, 2008。

8 譯註：原話是：在人類戰爭史上，從未像這樣，以如此少的兵力，取得如此大的成功，保護如此多的眾生。

9 引自Jenny Anderson, "Wall Street Winners Get Billion-Dollar Paydays," *New York Times*, April 16, 2008, A1。

10 譯註：不動產抵押貸款證券是將金融機構的不動產擔保抵押貸款包裝組合起來，移交給信託機構，由具公信力之擔保機構如GSEs（Government-Sponsored Enterprises）等來擔保所發行的證券以強化信用，提高證券的銷售。GSEs所擔保的證券被市場視為信用等同美國公債，甚至優於AAA級券。不動產抵押貸款證券經過信用增強後，劃分為標準的單位，於資本市場中發行證券，向投資人籌措資金。在美國，將近一半的房貸都證券化成不動產抵押貸款證券，在次級房貸市場上流通。由於不動產抵押貸款證券的利潤比一般的美國國債高，又有擔保機構的擔保，加上流動性僅次於美國國債，因此很受投資銀行、保險公司、退休基金、共同基金和避險基金的青睞。

11 但是，避險基金經理人的所得稅率最高才一五%，的確令我很羨慕。他們適用的所得稅率是美國聯邦政府為所謂的附帶收益（carried interest）所課的稅率。附帶收益這個詞很含糊，指的是避險基金經理人所分到的部分獲利（譯註：為了鼓勵基金經理人提高操作績效，私募和避險基金業者通常會從獲利中提撥一定比例發給基金經理人做為薪酬的一部分）。

避險基金經理人的所得稅率這麼低，簡直是在侮辱辛苦工作的美國人民，他們的收入遠比避險基金經理人少多了，但他們通常得按標準的美國聯邦所得稅率來課稅，他們的所得稅率是一五%的二倍或更高。而我也很清楚，避險基金經理人還可以利用靈活的稅務規畫（tax planning）讓這筆收入得以展延。這樣一來，他們就不用繳任何稅，日後領取時還可以賺到利息錢。因此，美國國會每一次嘗試推動稅制改革，就會被避險基金經理人所雇用的遊說團體壞了好事（他們有大筆的經費可以動用），這應該不令人意外吧。（譯註：巴菲特也曾抨擊過私募基金與避險基金經理人附帶收益的所得稅率過低。）

12 譯註：金融資產證券化的產品之一，為一固定收益債權的債券組合，發行者將一組固定收益債權加以重組證券化包裝後，再依不同信用品質來區分各系列證券然後銷售給投資人，債權產生的現金流量就依照證券發行條件付息給投資人。因票券發行者的數目多元化，可以降低因某一家發行者拖延債務所造成的衝擊，能使收益遠高於同等級的單一資產的投資；且因各系列證券承擔風險程度不同，提供不同的投資報酬，投資人有更多元的投資選擇。

13 譯註：這是一種可供信用提供者（放款人或公司債持有人）規避信用風險的契約，是常見的信用衍生性金融商品。

14 譯註：全球金融財經界最推崇的金融投資專業資格。CFA證照是CFA協會（CFA Institute）所授與，該單位是世界上最著名的投資行業專業團體之一。

15 引自Alan Abelson, "Swarm of Analysts," *Barron's*, May 28, 2007, 5。

16 長期的股票收益出自本文作者的計算。

17 譯註：資本利得就是出售證券所得價款超過當初買進價格或買進成本的部分，資本利得稅是對資本利得所課的稅。

18 投資中介成本的數據出自伯格金融市場研究中心（Bogle Financial Markets Research Center），其估計是根據證券業與金融市場協會（Securities Industry and Financial Markets Association）、理柏分析服務公司（Lipper Analytical Services）和實證研究聯合公司（Empirical Research Associates）等機構所提供的數據來做的。我知道這些數據不是很禁得起考驗，因此我極力主張，我們必須對美國金融體系的成本與好處進行全面、獨立的經濟學分析。

19 引自葛倫・韋爾二〇〇七年六月五日在普林斯頓大學發表的畢業生致詞，他是引用著名經濟學家兼諾貝爾獎得主羅伯特・盧卡斯（Robert Lucas）的話。

2 投機太多，投資太少

投資，就是長期持有企業。企業會把重心放在提高自己的內在價值（intrinsic value），也就是：不斷提高生產與服務的能力，提供消費者需要的東西，與其他企業一較高下，發揮創業精神，在變局中找到賺錢機會。企業可以為社會創造價值，也可以替投資人帶來財富。一百多年來，企業的價值不斷提高——股利不斷累積、盈餘不斷成長，就像一條逐漸上升的曲線。過去七十五年來，只有幾次例外。

而投機正好相反。投機，並不是在長期**持有**，而是在短期**買賣**——買賣幾張紙，而不是企業。投機者的重心，在於相信股價（而不是企業的內在價值）會上漲。也就是說，投資人預期他們買的股票將會漲得比其他股票兇，然後別的投資人也會跟著提高他們的預期。相較於企業的投資報酬曲線，股價的曲線明顯地參差不齊、起伏不定。

不管今天的人如何遺忘，人類其實早就明白，投機和投資是兩碼子事。關於這點，當代說得最好的是英國著名經濟學家凱因斯（John Maynard Keynes）一九三六年的鉅著《就業、利息和貨幣的一般理論》（*General theory of Employment, Interest and Money*）。我第一次讀到這本書是在一九五〇年，當時我還在普林斯頓大學念書，並在畢業論文裡引述了他的說法。

凱因斯認為，**投資**（他稱為「企業」〔enterprise〕）是「預測某項資產在其生命週期期間的預期報酬」，而**投機**則是「預測市場的活動」。凱因斯很擔心，如果專業的基金經理人鎮不住無知的投機散戶，就可能會被逼得放下投資，改搞投機，到最後成了投機客（speculator）[1]。因此，整整七十年前，凱因斯就警告世人：「當企業變成投機漩渦裡的一顆小泡沫，當一個國家的資本形成只是賭博活動的副產品，資本主義可能就有麻煩了。」[2]

短期而言，投資報酬和投機報酬幾乎是無關的。但長期來看，這兩種報酬一定是（也將是）一模一樣的。

這麼說的，不只是我。聽聽華倫．巴菲特是怎麼說的吧，沒有人說得比他更好：「從現在開始直到世界末日來到之前，持有股票的投資人所能賺到的最大報酬，等於這些企業在這段期間內所賺到的全部盈餘。」

拿波克夏（Berkshire Hathaway）公司為例子來說吧。這家公開上市的投資公司，巴菲特已經經營了四十多年，他曾經說：「當波克夏的股價在短期間高於公司的業績表現、或低於公司的業績表現時，會有極少數的股東——無論是賣股票或買股票——會從交易的另一方手中，賺到額外的利潤。**〔但是〕長期來說，股東所累計賺到的錢，一定等於波克夏公司在經營上所賺到的獲利**。」[3]

換一種方式來說吧。套用巴菲特的師父班傑明・葛拉漢的話：「短期而言，股市就像**計票機**……長期來說，股市是**體重**器。」[4]

不過，我們必須更深入來研究巴菲特和葛拉漢的話。儘管波克夏「長期來說，股東所累計賺到的錢，一定等於波克夏公司在經營上所賺到的獲利」這句話沒錯，但買進股票的投資人的獲利，其實並不等於賣方的損失（反過來說也一樣，買進股票的投資人的損失，也不等於賣方所獲得的利益）。整體來說，投資者賺到了波克夏公司的報酬，但是投機客卻賺不到。

股市，會讓「投資者」分心

如果說，參與股市的人都是**投資者**，會很注重企業的基本面，那麼，企業利用股東所投資的錢來賺取穩定報酬的能力，就會是影響股市的主要力量，而在這種情況下，股市的波動幅度也會很低。

然而，如果影響股市漲跌的都是**投機客**（就像今天這樣），是各種預期、希望、貪婪和恐懼，那麼股市參與者的心情必然會出現毫無意義的——在極度樂觀與極度悲觀之間——擺盪，股市的波動率也會很高，我們所目睹的激烈動盪就在所難免。

基金經理人與其他的股市參與者所從事的投機炒作，對投資人有好處嗎？對我們的金融市場有好處嗎？對我們的社會有好處嗎？當然沒有。

從長期來看，股票所賺到的全部報酬，並不是**投機**創造出來的，而是**投資**，也就是：資本投入企業的經營，所創造出來的生產力。比方說，歷史告訴我們，從一九〇〇年到二〇〇七年，股票的年報酬率平均來說是九．五％。這九．五％全是**投資**所帶來的，其中股利占了大約四．五％，盈餘成長率則占五％左右[5]（我實在不敢再次提醒你，這個數字還沒有扣掉上一章提到的投資中介費用，也還沒有反映通膨的侵蝕）。

至於我所說的**投機**報酬率——以本益比的變化來看——在這段期間內，則幾乎等於零。一九〇〇年，公司每賺一美元，投資人就要用十五美元來買股票（也就是說，本益比等於十五）。到了二〇〇七年，本益比也仍然是十五。在這麼漫長的歲月裡，本益比當然會有變動，但很少發生。而且，本益比就算有變動，**長期**的投機報酬，頂多只會增減個〇．五%左右。

因此長期來看，股票的報酬，幾乎全取決於比較能預測的**企業**獲利。至於比較不可預測的投機心態——反映在股價波動與本益比的變動上——卻一點也不重要。影響股票長期報酬的，是**經濟**基本面；投資人的**情緒**短期來看雖然有影響，但長期而言影響還是會消失。因此，我曾經在我的著作《買對基金賺大錢》（*The Little Book of Common Sense Investing*）中寫道：「股票市場，最容易讓投資者分心。」

笨蛋才會玩的遊戲

關於**真正**（real）的市場和**預期**（expectations）的市場之間的差異，多倫多大學（University of Toronto）羅特曼商學院（Rotman School of Business）院長羅傑．馬汀（Roger Martin）

說得最好。在真正的市場裡，他說，真正的企業為了製造真正的產品、提供真正的服務，會花真正的錢來雇用真正的人，投資真正的設備。如果企業是利用真正的能力在競爭，那麼他們所賺到的就是真正的利潤，而他們發的也是真正的股利。不過，這麼做需要真正的策略、真正的決心和真正的資本支出。更不用說，這麼做也需要真正的創新和真正的遠見。

相反地，在預期的市場裡，價格並不是由前面說的「真正的」商業活動所決定，而是由投資人的「預期」來決定的。而這樣的「預期」，是來自數字，來自企業管理高層所精心設計出來、很容易被操弄的數字。此外，我們不只是允許、甚至是鼓勵執行長們——照理說他們真正的任務是創造真正的價值——在預期市場中豪賭，因為他們的股票選擇權價格，正是由預期市場所決定的。照理說，這麼做是違法的，就像我們在職業運動中所看到的一樣。請你們想想，如果我們允許職業美式足球NFL的四分衛，或職業籃球NBA的中鋒，在賽前插賭，那會發生什麼事情？

然而，我們的執行長們都在這麼做。這也就是為什麼，用股票選擇權做為獎勵的工具，會造成金融體系極大的扭曲。

怎麼個玩法會贏，怎麼個玩法會輸呢？是押注在真正的數字和真正的報酬、買了股票就長期持有（也就是**投資**），還是在預期的數字和會被抽成的報酬上下注，基本上是「租」股票，而不是持有股票呢（也就是**投機**）？

不管是買樂透、去拉斯維加斯賭博、賭馬或是在華爾街搞投機，如果你明白自己贏的機率有多低，那麼，到底是當投機客好，還是投資人好，答案就會再明顯不過了。

在這個最投機的年代

雖然，用最簡單的算術就能知道投資一定比投機好，但我們現在卻生活在史上最投機的年代裡。

我在一九五一年進金融業時，股票的周轉率（rate of turnover）大概是二五%[6]。接下來的二十年內，周轉率大都維持這麼低的水準。直到一九九八年，股票的周轉率逐漸爬升到一〇〇%以上，這個數字，已經接近周轉率的最高歷史紀錄——在一九二〇年代末期創下的一四三%——了。到了二〇〇七年，周轉率又上升了一倍，來到二一五%。如果把指數股票型基金（exchange-traded funds，簡稱ETFs）的成交量也算進去的話，還會攀升到二八四%[7]。

我可以給各位舉個新金融工具的例子，你就不難看見，投機活動已經到了多誇張的地步。一九五五年，標準普爾五百指數的總市值是二千二百億美元，當時沒有期貨，也沒有選擇權，所以投資者無法針對指數的價格來炒作與避險。後來，指數期貨和指數選擇權問世了，並成為金融業的金雞母，這些產品不僅使投機炒作變得更方便，也使財務的槓桿操作變得更容易。

到了二〇〇八年年初，標準普爾五百指數的總市值是十三兆，但標準普爾五百指數的衍生性金融商品——也就是期貨和選擇權——的總市值，卻高達二十九兆，足足多了**兩倍**以上[8]。就算標準普爾五百指數成分股的高周轉率並不是投機交易造成的，預期市場的價值也是真正市場的兩倍以上。

投機，是一場穩輸的遊戲，我可以給各位舉個簡單的例子。假設標準普爾五百指數成分股的每一支股票，有一半的股份是由從不投機的「投資人」所持有，另一半的股份則是握在「投機客」手中，而且這些投機客只能互相交易。那麼，投資人由於沒有買賣股票，不需支付費用，因此能賺到標準普爾五百指數的毛報酬（gross return，也就是說，指數漲多少，投資者就賺多少），而投機客還得扣掉交易費用，因此只能獲得比較低的淨報酬。

因此，我們可以得出一個結論：**投資人是贏家，投機客是輸家**，沒有任何模糊地帶。因此，我們今天看到的瘋狂投機，對投入股市的人而言，一點好處也沒有。瘋狂投機，只造福了華爾街而已。

你從來沒見過，不等於不存在

當投資人的「看法」（反映在短期的股價上）大幅背離「現實」（也就是企業的內在價值），兩者的距離若要縮短，**一定**是往現實的方向趨近。想要反其道而行，是不可能的事。在這個充滿競爭的世界裡，建立企業的價值雖然很難，但長期來說卻是很值得的。然而，每當股價和企業價值的差距越拉越大，泡沫開始形成，大多數的股市參與者似乎都預期，企業價值很快就會趕上股價，而不是倒過來。

這就是投機心態對投資人產生的影響。儘管投資人都已經不去考慮不大可能發生的事情的機率了，但投機心態還是促使他們，連「必定」會發生的事情的機率，也不去考慮了。然後，到了某個交易日——比方說，一九八七年十月十九日吧，**真正**的市場會再度展現威力。

一九八七年十月十九日，就是人人聞之色變的「黑色星期一」。那天，道瓊工業指數從二千二百四十六點，跌到一千七百三十八點，一天內跌掉五百零八點，跌幅將近二五%。美國股市不曾跌得這麼兇，在這之前，美國史上最大的單日跌幅是一三%，發生在一九二九年十月二十四日（「黑色星期四」），那是「經濟大蕭條」即將到來的警訊。一九八七年十月十九日的跌幅，是一九二九年十月二十四日的將近兩倍。

一九八七年，在那個恐怖的黑色星期一到來之前，美國的股市一直很熱。到了黑色星期一那天，美國股市的總市值，總共蒸發掉一兆美元左右。股市參與者全嚇壞了。

嚇壞？為什麼？在股市裡，**任何事情**都會發生。今天，我更堅持這個看法。

金融市場本質與結構的改變（當然還有股市參與者的改變），使得股市更容易發生突然且激烈的動盪。數年來所發生的好幾次激烈動盪，就是最好的證明。

在一九五〇、六〇年代，股價漲跌超過二%的天數，一年當中頂多三、四天而已。但是，從二〇〇八年七月三十日往前推的一年內，這種驚人的漲跌已經發生三十五次了：十四次上漲，二十一次下跌。換做是過去，這種情況出現的機率是……零。

因此，投機不僅是穩輸的遊戲，投機的結果也是無法預測的。機率的定理，並不適合用在我們的金融市場上。在一個由投機所推動的市場中，我們絕不能因為某件事以前從沒發生過，就認為這種事日後也不會發生。打個比方吧，**人類只看過白色的天鵝，並不代表世界上就沒有黑天鵝**。

如果你想看證據，那就看看我剛剛提到的黑色星期一。不僅是黑色星期一的發生事無法預知，而且推翻了我們的歷史經驗，這一天所造成的後果，也一樣前所未見。然而，黑色星期一預告的，並不是什麼悲慘的大蕭條；隨之而來的竟然是史上最繁榮的牛市。所以說，根本沒人能料想得到。

納西姆・尼可拉斯・塔雷伯（Nassim Nicholas Taleb）寫了一本書，叫《黑天鵝效應》（*The Black Swan: The Impact of the Highly Improbable*），把這個觀念闡釋得很深入[9]。但塔雷伯也只是證實了我們早就知道的事情：在金融市場裡，不可能發生的事，很可能會發生；或者說——這點塔雷伯也有提到——很可能會發生的事，卻完全不會發生。然而，我們當中有太多人——散戶也好，專家也好——仍然認為「過去」是金融市場的「序曲」；深信歷史所能歸納出來的機率，是可靠的依據。拜託，拜託，拜託：**千萬別指望這一點**。

長期而言，黑天鵝並不存在

投資價值的長期累積，和市場每天的變化沒有任何關係。

雖然，在短線與充滿投機的金融市場裡，可以看見很多黑天鵝，但美國股市的長期投資報酬上，卻從來**不見**黑天鵝。為什麼？這是因為美國企業會有效率地運用資金，總是預期經濟上的改變，並做好準備。

沒錯，美國經濟是會週期性地動盪、衰退，甚至還會發生很罕見的蕭條。然而，美國的資本主義很有彈性，儘管物換星移、世事多變，美國經濟還是平穩地發展，企業的盈餘隨著經濟發展而成長，發放的股利也持續增加。

然而，美國一直存在一個很嚴重的風險：金融市場的投機風氣，會不會傳染到本來就已經生產過剩的經濟活動中？美國偉大的經濟學家海曼．明斯基（Hyman Minsky）[10]大半輩子都在發展他的金融不穩定假說——「穩定導致不穩定」（stability leads to instability）。他的結論如下：

> 金融市場可以滿足企業領導人和散戶追逐利潤的需求，而且，金融市場是金融企業靠著唯利是圖的創業精神造就出來的。最能看清楚發展、變革和熊彼得創業精神（Schumpeterian entrepreneurship）[11]的地方，莫過於銀行金融業。而促成變革的因素，就是追逐利潤，這在銀行金融業裡也看得最清楚。[12]

在這一波複雜的金融產品創造出來之前，明斯基就已經觀察到，金融業特別容易創新。他指出，金融與產業發展是共生的，「金融在經濟發展中，扮演舉足輕重的角色」。

一九八〇年代的「基金經理人資本主義」（money-manager capitalism）盛行以來，投資機構成了美國最大的金主，這些人也開始左右我們的金融市場，以及插手企業的運作。

我們這場金融危機，是在二〇〇七年年中爆發的，也應驗了明斯基先前所提出的警告。其中一位預見危機即將到來的投資者，是傑若米．格蘭森（Jeremy Grantham）——美國思慮最縝密的專業投資者之一。在他二〇〇七年那份精彩的年終報告中，格蘭森把題目定為〈明斯基崩壞〉（The Minsky Meltdown）。隨著房貸業巨頭（房地美和房利美）的崩盤，隨著美國財政部不到半年就宣布把二房的債務通通攬下來之後，格蘭森的預言成真，如今，只有時間能夠告訴我們，這次的「明斯基崩壞」會只是週期性的，還是長期性的。

烏龜贏的次數，真的比較多

高度投機的金融市場，是唯一流動性很高的工具，方便我們擁有企業，也方便我們把積蓄拿出來投資。既然如此，要怎樣面對這個充斥著投機、極端、難以臆測的投資世界呢？

二〇〇一年，備受敬重的投資策略大師、經濟學家兼得過很多獎項的暢銷書作家彼得．伯恩斯坦（Peter L. Bernstein），在一篇名為〈六〇／四〇解決方案〉（60/40 Solution，即六成股票、四成債券）的文章中說，他寧可效法烏龜，也不要當投機的兔子：

在投資上，在市場週期循環出現轉折時，烏龜贏的次數，通常比兔子多……把大把賭注押在不可知的未來上，比賭博更糟。因為在賭博的時候，你至少知道自己賭贏的機率有多大。人生中那些起於貪念的決定，通常會帶來不幸的結果。[13]

最後是兔子贏了……怎麼可能？

然而，才短短幾年後，伯恩斯坦就改變心意了。二〇〇三年三月一日，他發表了一篇影響深遠的文章。這篇文章刊登在他所發行的《經濟學與投資組合策略》（*Economics & Portfolio Strategy*）上，我把這篇文章的要旨濃縮在下面幾段當中[14]：

對未來，我們是一無所知的。沒有人能保證，歷史會以什麼樣的方式重演。股票的預期報酬率不但很低，而且還得把潛伏在投資環境中的異常狀況考慮進去。我們正生活在前所未有的時代裡。

因此，別管什麼長期了，就來玩短線吧。你可以靠著兩極化的投資組合，一邊是針對好消息，另一邊是針對壞消息，盡量去找波動起伏很大的投資工具。除了股票，可以考慮黃金期貨、創投、房地產、以外幣計價的工具、抗通膨債券（Treasury Inflation-Protected Securities，簡稱TIPS）[15]和長期債券等等。

最後，不管買什麼，千萬別買太久。機會和風險會來也會走，要常常改變你的投資組合。要有彈性，長期持有的投資法已經是過去式了；抓對時機才是未來的王道。

我很佩服伯恩斯坦敢披著紅斗篷走進擠滿了牛（還有熊）的競技場裡，我也很佩服他這種想要「讓永遠無法折衷的事情折衷」的企圖。不管執行起來有多困難，他的建議還是有其價值的。不過，在我看來，他所建議的，其實就是投機。而投機，是一場穩輸的遊戲。

危險的時機交易

無論時機交易（market timing）[16]是受到貪婪、恐懼或任何原因所驅使，我們都必須面對一個無法逃避的事實：對投資人整體而言，**並沒有「時機交易」這回事**。因為，我們全體投資人其實共同持有了市場上全部的投資組合。當一個投資人跟甲借錢，來付給乙，代表著有另一個投資人是反過來向乙借錢來付給甲。這對市場上整體的投資組合而言，沒有任何影響。參與者之間互相轉讓他們所持有的股票，是單純的投機，就是這麼簡單。

當然，個別而言，任何人都有可能靠著與整體市場背離而賺到錢。但，又是基於什麼理由來進行時機交易？是基於我們相信日後會有股票溢酬（equity premium）嗎[17]？是基於這些**已知**——而且已經反映在股價上——的風險嗎？還是基於**未知**的風險？

沒錯，誠如伯恩斯坦所言，「機會和風險會來也會走」，他的論點我深表贊同，問題是，人類的情感與行為上的弱點，會讓我們無法從風險與機會中賺到錢。假如你也不相信時機交易，算我一份。

也別忘了，如果「你」一直在**正確**的時間點採取每一個行動，把荷包賺得滿滿的，就表示「我」一直在**錯誤**的時間點採取每一個行動，以至於一敗塗地。因為，在每一項交易裡，一定有人站在相對的一方。我在這一行打滾了一輩子，我對各種投機都抱持懷疑的態度，包括時機交易在內。我從來沒見過任何成功地玩時機交易的人，也從沒聽過有人真的成功過。唉呀，我甚至沒見過有哪個人**真的見過**一直在玩時機交易、還能夠玩得很成功的人。

玩對一次時機交易，就已經很困難了。可是，你必須玩對兩次才行。這是因為當你**出場**，就意味日後還要在更有利的時間點**進場**。問題是，什麼時候進場呢？用禱告來決定嗎？你倒是說說看。

如果說，做出正確決策的機率低於二分之一（因為還必須扣掉成本），那麼，做出兩次正確決策的機率，就會低於四分之一。要做出連續十二次正確決策的機率（對於時機交易來說，十二次一點也不多），幾乎是微乎其微。長期——比方說，二十年——下來，贏的機會只有四千零九十六分之一（我還沒把投資成本算進來呢）。

四千零九十六分之一？這是值得一賭的機率嗎？巴菲特顯然不會這麼賭法。二〇〇八年年中，據報導巴菲特在一場賭局中，押了另一邊。他拿出三十二萬美元和門徒夥伴（Protégé Partners）公司對賭，門徒夥伴公司是紐約一家管理組合型避險基金（funds of hedge funds）的公司。巴菲特賭十年後（到二〇一七年）先鋒集團旗下的旗艦基金（先鋒五百指數型基金）的報酬，將會勝過由門徒夥伴公司的專家精心挑選的五檔避險基金的總報酬。

當然，我一定站在巴菲特那一邊。不過，我也很樂意把我全部的身家財產都拿來和門徒夥伴公司賭一把。順帶一提，不管最後是誰贏，雙方的賭金（一百萬美元，包括賺到的利息在內）都得捐出來做公益。

我們破壞了平衡，並付出了代價

當然，金融市場需要投機客，也就是金融創業家、交易員和短線交易者，他們能夠承擔風險，為了獲利，他們會沒完沒了地搜尋並利用市場上的異常狀況和缺陷。

同樣地，金融市場也需要投資者，也就是金融保守派，他們長期持有股票，十分看重謹慎、安全和穩健等傳統價值。

不過，我們必須取得平衡。而且，就我來看，今天金融市場之所以如此動盪，正是因為我們打破這個平衡，才因此付出代價。

我在前面提到的幾個主題，在亨利・考夫曼（Henry Kaufman）的回憶錄裡多有著墨。考夫曼的回憶錄在二〇〇一年出版，書名是《貨幣與市場：華爾街回憶錄》（*On Money and Markets*），這本書十分精彩。考夫曼是經濟學家兼投資人，是華爾街最有智慧的幾位智者之一。考夫曼博士和我一樣憂心忡忡，他在回憶錄中表達了他對華爾街公司化、金融全球化、政策制定者的資質有限、美國的市場動盪等問題的擔憂之情。

他在回憶錄最後一章總結了他所擔心的事情：

信任，是生活中絕大多數關係的基石。金融機構和金融市場，也必須建立在信任的基礎上……不受約束的金融創業精神，可能會變成無度的、有害的，可能會造成嚴重的濫用，也可能會踐踏金融體系的基本律則和道德。

這種濫用，會傷害一個國家的金融結構，摧毀社會大眾對金融業的信心……唯有在企業創新和傳統價值之間求取平衡，我們才能提高美國經濟體系的「益本比」（ratio of benefits to costs）……金融機構的管制者和領導者，必須是所有人當中最認真、最勤勉的。

我深深同意考夫曼的話。我們的確沒有及早處理很多問題，以至於今天才會爆發金融危機。

當短線炒作在金融市場中暫時占了上風，我們都得當心。我們已經有太多的短線炒作，把長期投資都賠進去了，而我們的長期投資卻遠遠不足。為了恢復平衡，為了使保守的投資精神（financial conservatism）[18]重回領導地位，股市參與者、學界和監管機關，非得通力合作不可。否則，我只好把前面引用的凱因斯的話拿來改一改，「我們今日所面對的危險，就是企業變成投機漩渦裡的一顆小水泡，這表示資本主義的工作沒做好。」

這，就是目前正在發生的事情，我們的社會，禁不起讓這個危機繼續延燒下去。

1 譯註：也就是在沒有風險部位的情況下，故意建立風險部位的人。

2 引自凱因斯著的《就業、利息和貨幣的一般理論》（New York: Harcourt, Brace & Company, 1936）。也可以在www.marxists.org/reference/subject/economics/keynes/general-theory/查到。

3 引自一九九七年二月二十八日波克夏公司一九九六年年度報告中的主席致股東函。也可以在www.berkshirehathaway.com/letters/1996.html查到。

4 引自Benjamin Graham, *The Intelligent Investor* (orig. pub. 1949; New York: HarperCollins, 2005)。

5 股市報酬是作者自行計算出來的。

6 我們所定義的「周轉率」，指的是一年內股票的成交量占股票總數的比例。

7 引自Kenneth R. French, "The Cost of Active Investing," *Journal of Finance* (2008)。

8 期貨和選擇權的總額，是引自芝加哥期貨交易所（Chicago Board of Trade）和芝加哥選擇權交易所（Chicago Board Options Exchange）的資料。

9 塔雷伯把「黑天鵝事件」定義為（一）超出我們通常預期範圍之外的離群值，（二）會帶來極大衝擊的事件，（三）一旦發生之後，我們會因為天性使然去捏造解釋，讓這個事件成為可解釋和可預測的。因此，黑天鵝事件就是：相當罕見的、會帶來極大衝擊且事後會被解讀為可預測的事件。生活中充滿黑天鵝事件，尤其是在金融市場裡！

10 譯註：明斯基是當代研究金融危機的權威，他認為資本主義的資本市場天生具有不穩定性；由於投資人追逐利潤和資本家的短期投機行為，導致金融市場的不穩定性是無法根除的，且會演化為金融危機，並進一步使得整體經濟面臨下滑的深淵。在景氣上升階段，經濟成長的動力會掩蓋金融不穩定的危機，但是一旦經濟步入停滯甚至下降週期，金融市場可能面臨流動性不足、金融資產大幅下跌，而高風險的金融機構就會以變賣資產來償還債務；從市場繁榮至衰退的轉折點，就是所謂的「明斯基時刻」（Minsky Moment）。

11 此處提到了偉大的經濟學家約瑟夫・熊彼得（Joseph Schumpeter），熊彼得認為，創業家是推動經濟成長的重要力量，他的分析已經是「傳統智慧」（conventional wisdom）的一部分了。

12 引自 Hyman P. Minsky, "The Modeling of Finanical Instability: An Introduction," *Modelling and Simulation* 5 (1974)。

13 引自 Peter L. Bernstein, "The 60/40 Solution," *Bloomberg PersonalFinance*, January/February 2002。

14 引自 Peter L. Bernstein, "Are Policy Portfolios Obsolete?" *Economics & Portfolio Strategy*, March 1, 2003。

15 譯註：美國財政部發行的國債，屬於國庫債券的一種，每六個月付息一次，其本金及票息均依據消費者物價指數（ＣＰＩ）確定的通膨率隨時進行調整。

16 譯註：一種積極性的股票操作方法，隨著經濟情勢的變化，在股票和貨幣市場證券間移轉運用資金。

17 股票溢酬就是股票的年報酬率超過——或是預期會超過——無風險報酬率（通常是美國國庫券或美國政府債券）的數額。

18 譯註：指企業在較長的一段時間內持續地採用低槓桿資本結構政策的一種行為。

3 複雜的太多，簡單的太少

對我而言，「簡單」是投資成功的關鍵。十四世紀的哲學家兼修士「奧坎的威廉」（William of Occam）提出的「奧坎剃刀原則」（Occam's razor），更讓我受益匪淺：「**假如一個問題有很多種解決辦法，選最簡單的那個。**」[1]

我一生的成就，不是因為我很聰明或很擅長處理複雜的問題，而是靠著常識和簡單。曾經有人說，我具有「一種很單純的能力，可以看見明顯的答案」。不過，搞不好他這麼說，並不是在讚美我！

好吧，這就來看看，我們這個愈來愈複雜的金融與投資世界，到底有哪些顯而易見的事實。首先，來看看創新所扮演的角色。

一般來說，我們很難否定創新的價值。我們使用的筆記型電腦，可能已經擁有能夠把人類送上月球的計算能力。不管我們在世界上哪個角落，只要用台掌上型電腦，就能連上無線網路。我們能跟兒女們保持聯絡，我們也能拍攝、傳送並儲存照片。我們隨時可以利用網路來儲存無窮的資訊。電子零售（e-tailing）使消費者享受到價格競爭的好處，這在過去是難以想像的。醫療科技（例如我動的心臟移植手術）使我們延年益壽，讓我們的生活品質獲得改善。

然而，在金融業裡，創新可就不一樣了。為什麼？因為，針對金融業來創新所產生的價值，和針對客戶來創新所產生的價值，是兩碼子事。

金融業是以**顛倒過來**的奧坎剃刀原則來運作的——他們偏愛複雜與昂貴，更勝簡單與便宜，這和大多數投資人需要的、和應該要的，正好相反。

能夠獲得金融創新所帶來的好處的，大都是創造出複雜新產品的人，而不是持有這些新產品的人。拿前面提到的有抵押品做擔保的「擔保債權憑證」（CDO）為例吧，我們來看看，這條食物鏈所產生的收益和成本。

首先，房貸經紀人會把想借房貸的人拉到銀行裡，並向銀行拿佣金；接著，銀行為房貸提供擔保，並從中收取費用；然後是信用評等機構，來替這些「擔保債權」評等，並收取費用（每筆估計是四十萬美元）；當然啦，收了錢的信評機構也會很上道的，給予這些「擔保債權」最棒的AAA評等（否則，這些債券根本賣不出去）。接下來，股票經紀商會把債權憑證賣給顧客，賺取佣金。

這一連串的成本，不管藏得有多隱密，最後都是由借錢來買房子的人，和購買擔保債權憑證的終端投資人來買單，而所有的中間人，都會得到報酬。

像這樣的金融創新，複雜到令人難以理解，加上美國信用評等機構的背書和共謀，使得這種金融戲法，成了現代版的煉金術。

這種現代版的煉金術，會從一組——比方說，五千筆B^-或BB^-的房貸，加上少數幾筆A級——房貸開始。然後，這組房貸就會神奇地變成**黃金**，例如變成一檔價值五億美元的CDO，其中高達七五%的債券成了AAA級（這可是真實的案例），一二%的債券是AA級，四%的債券是A級，只有九%的債券被評為BBB或更低的評級。（看到沒，儘管「分散投資」具有降低風險的好處，但並無法改變一個事實：那些評等差的房貸，依舊是評等差的房貸。）[2]

銀行之所以會對這種CDO趨之若鶩，一點都不難理解：貸款給買房子的人，銀行可以賺到大筆費用；而既然可以很快地把這些貸款丟到大眾手上（也就是所謂的「證券化」），它們才不管貸款的人信用到底好不好。

衍生性金融商品

正如大家如今都知道了，這些複雜的擔保債權憑證和結構性投資工具（structured investment vehicles，簡稱SIV）[3]，只是最粗淺的把戲。還有更多複雜的金融工具，正在淹沒我們的金融市場；這些工具的市值規模與成交量，甚至已經超過了真正的投資。

我們的市場上充斥著所謂的衍生性金融商品（也就是說，這種金融工具的價值，是從別的金融工具衍生出來的），像是我前面提過的標準普爾五百指數期貨和選擇權。衍生性金融商品是利用「利率交換」（interest rate swaps，簡稱IRS）[4]和「信用違約交換」（credit default swaps，簡稱CDS）[5]（請別問我這是什麼玩意）來承擔、放大和規避風險。不管是在世界哪個角落，衍生性金融商品都能在一瞬間完成交易。

衍生性金融商品的交易量大得嚇人，而且，怪異的是，衍生性金融商品的規模，和衍生出它們的金融工具相比，簡直不成比例。比方說，「衍生」出「信用違約交換」的「信用契約」（credit obligations），規模約兩兆美元，但信用違約交換的規模卻高達六十二兆美元。所有衍生性金融商品加起來，規模大到難以置信——高達六百兆美元[6]，是全世界的國內生產毛額（gross domestic product，簡稱GDP）——六十六兆美元——的十倍左右[7]。

金融業（和信用評等機構）靠著衍生性金融商品的創新，收取了鉅額的費用，光靠這些費用，他們就賺翻了。可是，這些價值被高估的擔保債權憑證，卻讓購買者賠得一塌糊塗，而且還得留下來收拾爛攤子。真想不到，購買者竟然還包括了創造、銷售這些金融商品的銀行和券商。此外，由於共同基金的經理人幾乎也都管理退休基金，也都用這些退休基金購買了大量的擔保債權憑證，因此，數千萬美國人的退休金計畫，都受到了嚴重波及。

另外，結構性投資工具也是不遑多讓，同樣帶來了巨大的災難。如今我們看到了，銀行為了把結構性投資工具賣給客戶，發行了很多所謂的流動性賣權（liquidity put）給買方，並且保證願意隨時以面額購回結構性投資工具。結果，花旗銀行的帳面上不僅持有五百五十億美元的擔保債權憑證，還持有差不多二百五十億美元有可能會被「賣回」（後來也真的被賣回）給銀行的結構性投資工具。花旗集團一直到二〇〇七年十一月四日，才公開揭露這個風險。

令人震驚的是，花旗集團的執行委員會主席羅伯特．魯賓（Robert Rubin，一個對金融一點也不外行的人）居然說，他在二〇〇七年夏天以前，**從來沒有聽說過流動性賣權**。更難堪的，還有花旗集團前任執行委員會主席查爾斯．普林斯，在金融危機即將爆發前，普林斯說：「音樂還在響，你當然得繼續跳舞。我們都還在跳舞呢。」這些銀行家，到底多久沒看資產負債表了？

接下來的幾個月內，美國最大的銀行和投資銀行（還有眾多的小銀行）的信用狀況嚴重惡化，危機蔓延到美國政府支持的兩家政府資助企業（government-sponsored enterprises，簡稱GSEs）——被稱為「二房」的房地美和房利美。二房為美國家庭提供了大概五兆美元的房貸，它們是美國鼓勵住宅自有政策不可或缺的一環。雖然二房的房貸資產組合的品質，比那些騙錢的擔保債權憑證優很多，可是，二房卻採取高度的財務槓桿操作（它們每一美元的資產就借了四十美元），它們也經常在貨幣市場（也就是短期資金的交易市場）中借錢。

雖然二房有美國聯邦政府在背後撐腰，但投資人還是很害怕二房的償債能力會出問題，使得這兩家公司的股價一度暴跌了八成以上。這場信用危機之所以爆發，部分原因是美國各地都出現大批的房屋抵押品將被沒收（mortgage foreclosure）[8]。所以，美國財政部沒有別的路子可走，只能正式宣布他們將會支持這兩家公司[9]。

然而，這場危機影響所及，卻不只是信用而已。這場危機也使我們開始思考一個很重要的問題：把放房貸賺到的可觀報酬放進私人口袋（二房的股東賺進了數十億美元；二房的執行長拿到了天價薪酬），卻讓整個社會來承擔放貸的風險（由納稅人來買單），這麼做合理嗎？能令大家心服口服嗎？更重要的是，為什麼美國政府要拿納稅人的辛苦錢，去救經營不善、漠視管理的企業？這和熊彼得嚮往的那種資本主義，差了不止十萬八千里！

投機客贏了，投資人輸了

但是，由於創造、銷售複雜的金融創新商品，可以賺到很多錢，使得這個問題迅速地擴散。如今，市面上有幾千種擔保債權憑證及別的金融創新商品，和股票型與債券型基金的創新分庭抗禮。

近年來，共同基金也出現了大批創新產品。這些創新產品之所以被發明，是因為很多人預期未來十年，股票型基金和債券型基金的報酬率，將會落後於歷史常態，甚至會遠遠落後於一九八〇、九〇年代——那個股票的平均年報酬率一七％、債券的平均年報酬率九％的時代。

誰不想重回那個時代呢？那個時代之前和之後的日子，都沒那個時代來得美好！但我們很清楚（也勉強能夠容忍），用簡單、分散投資的股票或債券的組合，我們可以預期未來十年能賺到多少錢（拿股票與債券的年報酬率來說，分別是七％和五％）。換言之，我們沒有別的選擇，只能基於已知的股票報酬率（股利殖利率以及成長率）和債券報酬率（也就是利率），仰賴這種合理的預期。

既然如此，我們又憑什麼預期（或者說：希望），可以透過選擇複雜的投資策略與基金經理人，來戰勝大盤並且賺到更多錢？山繆爾．約翰生博士也許會說：「那是因為經驗被希望打敗了。」[10]

然而，除了增加投資人的管理費、顧問費和手續費之外，這股基金創新風潮還帶來了什麼好處嗎？我們一定很鬱悶，因為提供這些金融中介服務的業者，動機並不單純。他們一定很清楚，大多數投資人無法從基金創新中得到好處。對投資人最有利的投資策略，應該是簡單又直截了當的「全市場指數投資策略」（all-market index strategy）——由我們先鋒集團首創。美國富達（Fidelity）投資集團的王牌經理人彼得．林區（Peter Lynch）[11]過去一直是麥哲倫基金（Magellan Fund）的操盤手，他在一九九〇年交出了麥哲倫基金的管理權。就連他也說：「**大多數投資人如果買指數型基金，獲利會更好。**」他說得一點也沒錯！

別光是站著啊，趕緊採取行動！

可是，我們這些在金融業打滾的人還是得生存啊。不管投資人有多倒楣，我們都面臨很大的壓力，必須努力「塑造」與「回應」投資人短期間的期待。就像各種消費性產品（像是汽車、香水、牙膏和珠寶首飾）的行銷，金融商品的行銷也一樣必須面臨這樣的殘酷事實。不過，各種金融工具賣了又買，買了又賣，勢必會增加投資人的成本，對投資人是相當不利的。

班傑明．葛拉漢早在一九七六年九月——很巧，就在史上第一檔指數型基金推出後不久——指出，「股市就像一間巨大的洗衣房，投資人互相接收彼此送來清洗的大量股票。這年頭，每天的成交量竟然高達**三千萬股**。」[12]當年的他也許無法想像，今天的成交量已經超過**三十億股！**這可不是小數目，都要怪華爾街老是建議客戶：「別光是站著，要趕緊採取行動！」

投資人應該採取的，是相反策略——「別採取行動，光是站著就好。」只是，這麼做不僅有違散戶的直覺與情緒，也擋了那些銷售證券、管理證券投資組合的人的財路。金融業者很狡猾，他們說，投資人不要去管什麼指數型的工具，他們應該挑選針對他們個人的需求與目標來量身打造的基金。可是，班傑明．葛拉漢說的沒錯：「**這只是方便好用的濫調、託辭，用來掩護他們過去平庸的投資紀錄。**」

基金創新對投資人沒好處

我們有時也必須思考公眾利益。因此，我等一下會花一些篇幅來探討，這個行業如何辜負了幾個最基本的受託責任——對股東、對社會大眾、對這個產業，以及對歷史。我也會探討，這個行業應該如何走回正道。不過，這裡我想先說的是：從一九八〇年代短期的全球收益基金、浮動利率房貸基金，再到二〇〇七年才問世的「超短期」高收益債券基金（這種基金在二〇〇八年爆發的金融危機中，虧得一塌糊塗），這一行，被創新弄昏頭了。

從一九九八年到二〇〇〇年的「新經濟熱」期間，為了募集資金，我們創造了數百檔高科技、電信、網路等類型的基金。然而，這不過是複雜的創新四處肆虐的另一個例子罷了。股市好的時候，基金投資人想也不想，就把數千億美元往這些基金裡扔，後來股市崩盤，他們也蒙受巨大損失。

熱情地支持基金創新的投資人，到底付出了多少代價，這其實算得出來。我們就來比較一下，從二〇〇五年往前推的二十五年裡，**基金本身**的報酬（時間加權報酬〔time-weighted returns〕）和**基金投資人**實際賺到的報酬（現金加權報酬〔dollar-weighted returns〕）。據報導，在這段期間內，股票型基金的年報酬率平均是一〇%，落後於標準普爾五百指數型基金的一二．三%。但是，股票型基金投資人**實際賺到**的年報酬率是七．三%，和基金自己公布的報酬率相比，每年都少了二．七%[13]。

在這段期間內，基金投資人的資本會逐漸累積，平均來說，他們的資本會增加四八二%。可是，如果是買進指數型基金，長期持有，投資人的資本也會逐漸累積，平均來說，他們的資本會增加一七一八%，差不多是前者的四倍！多虧了基金的創新與創意，也多虧了基金投資人的貪婪（或感受性需求），基金投資人辛辛苦苦所賺來的，還不到大盤的三分之一。和新經濟期間發明出來的新基金相比，主流基金的虧損少得多，新基金的虧損還真是誇張。投資人的損失太大了！至於經理人呢，據保守估計，在這段期間內，付給基金經理人和銷售機構的費用與佣金，高達五千億美元。

所以說，沒錯，是**有人**從創新中賺到了龐大利潤，但除非你是基金經理人或銷售機構，要不然，那個人絕對不是你。

有時好，但大多數時候都很差

在這波追逐複雜的浪潮中，我們是否已經忘記，獲利最好的投資，其實是最簡單、最穩健、成本最低、課稅最少的——也就是：採取最一貫的投資策略、持有時間最長的投資？

答案顯然是肯定的。而且我擔心，我在很多年前發明的、簡單的指數型基金所衍生出來的指數股票型基金（ETF），也得負點責任。怪不得我有時候一覺醒來，會覺得自己就像創造出科學怪人的弗蘭肯斯坦博士（Dr. Frankenstein）：「**我到底創造了什麼怪物啊？**」

我想說的是：如果創新對基金投資人有好處，那我贊成創新。我也覺得很驕傲，因為我過去曾經參與過好幾項對投資人有利的創新，像是股票指數型基金、債券指數型基金、準確到期日型債券基金（defined-maturity bond fund）、節稅基金、以及世界上第一檔組合基金。我想，只有先鋒集團沒有對這類基金多收取一層操作費用比率（expense ratio）[14]，而且也在這些創新中起到了關鍵的作用。

近年來，還是有不少對投資人有利的創新問世，包括退休目標基金（target retirement funds）[15]和生活策略基金（life strategy funds）。這些基金如果好好操作，加上收取的成本如果也不多，可以做為投資人的長期投資計畫。然而，在這波基金創新的浪潮中，對投資人有利的，好像就只有這幾種。以下我將簡單介紹近年來發明的基金「商品」（其實我認為不應用「商品」來稱呼共同基金），並提出我的個人看法。

指數股票型基金

指數股票型基金（ETF）是最被世人接受的創新。當然，我很贊成這種基金採納了指數型基金的概念，而且（多半）成本很低。何況，我怎麼可能不支持長期持有的「一般市場」指數ETF，以及用有限金額來達成特定目標的「特定市場」ETF呢？但是，我無法認同這些ETF過於頻繁地轉手，以及券商在轉手中所收取的佣金。

再者，我也很不解，美國目前有八百一十七檔ETF，為什麼只有二十一檔符合「在美國股市或全球股市進行最廣泛的分散投資」這個基本要求？而剩下的七百九十六檔ETF當中，又有七百三十九檔是投資在各式各樣的股市類別上，剩下的五十七檔，則是投資各式各樣的債券指數。

這些ETF當中，有的類別還算有道理，有的卻很荒謬。比方說，「即將興起的癌症ETF」、「槓桿型ETF」，都被我歸為荒謬的ETF。槓桿型ETF號稱，不管股市漲跌，都會給你兩倍的報酬。有些ETF為了不被比下去，已經喊出了給三倍。接下來還會喊出四倍嗎？

換句話說，利用ETF來投資，是穩當的；但利用ETF來投機，卻可能會讓人賠錢。

二〇〇五年，當時已經九十一歲的諾貝爾經濟學獎得主保羅・薩謬爾遜（Paul Samuelson），把第一檔指數型共同基金的誕生，比喻為輪子或字母的發明[16]。也許他不夠客觀，因為他也持有那檔先鋒五百指數型基金。他六名子女與十五名孫子、孫女的教育費用，全是那檔基金幫他支付的。

基本面指數基金

有人說指數型價值投資法，是一種像「哥白尼」式的革命。其實，這個方法背後的觀念，已經有數十年的歷史。

不過，把基本面指數基金（fundamental index funds）弄成ETF，則意味著這種基金很適合拿來炒短線。而且，基本面指數基金在二〇〇〇年到二〇〇二年股市崩盤期間（也就是價值型基金的相對報酬急遽上漲的那段期間）適時而生，也讓我們看到：基金業者實在很會包裝銷售（雖然，這麼做會讓投資人陷入追逐績效的惡性後果中）。

當然，發行這些掛羊頭賣狗肉的基金業者，都跟我們拍胸脯保證，「價值投資會贏」（不只是「過去有贏過」而已），尤其是在動盪的市場裡。然而，從二〇〇七年年中到二〇〇八年年中，股市經常暴漲暴跌，兩檔最主要的基本面指數基金卻下跌了將近二〇%，跌幅是一般標準普爾五百指數型基金（下跌了一三%）的兩倍左右。

有業者說，應該根據帳面價值、收益和盈餘來衡量投資組合；有些業者則認為，應該根據股利來衡量投資組合。據說，他們會為了哪種策略才正確而吵個沒完。這只會讓投資人更頭大，更無所適從。

絕對報酬基金

美國有幾檔大學捐贈基金和避險基金，都靠投資賺了很多錢，吸引了很多基金公司絞盡腦汁，想要模仿類似的策略，推出新基金。這些策略包括：長短倉（hedging，買進一三〇%的股票，並放空三〇%的股票的基金）、市場中立（market neutral）[17]，以及投入原物料商品[18]、類似私募基金與創投的工具等等。

我給你們兩個建議：第一，出手之前，一定要停看聽。第二，出手之前，要先看到基金十年以上的績效。

最重要的，請你們一定要記住巴菲特說過的一句話：「聰明人會在一開始做的事情，傻瓜往往留到最後才做。」[19]這位奧馬哈先知（Oracle of Omaha，巴菲特的外號）也曾說過，「每一個經濟循環中，都會出現三個i：最先出現的是innovator（創新者），然後是imitator

（模仿者），最後是idiot（笨蛋）。」[20]不管基金經理人怎麼說，你可千萬別當笨蛋。

商品基金

永遠記住：商品是沒有內含報酬率（internal rate of return）的。

商品的價格，完全建立在供需上。這也就是為什麼，商品會被炒作，並被歸類為**投機**類型。相反的，股票與債券的價格，是由它們的內含報酬率來支撐的（股票的內含報酬率，來自股利殖利率與盈餘成長率，而債券的內含報酬率則是來自票息），所以會被視為**投資**。

雖然我也認為，全世界的龐大需求所帶動的商品價格大漲現象，應該會延燒下去，但我可能是錯的；而且我也不相信，炒作期貨價格趨勢上揚的人，最後一定能賺到錢[21]。

管理支付型基金

雖然，多年來的人口統計分析已經早就告訴我們，數以百萬計的投資人已經從「累積」財富，邁入「提領」財富的人生階段，但顯然基金業直到最近才發現這一點。

因此，我們創造了很多新基金，讓你可以在任何時間點上，剛好把所有的錢給用完（這麼做，有什麼困難呢）。我們也創造了能分你三％、五％或七％的資產、而且絕對不會侵蝕到你的本金的基金。

天曉得這麼好康的事，到底會不會發生，但基金業者倒是顯然忽略了（大家都知道為什麼），我們還有一種更好的選擇：增加基金的**投資收入**（investment income），來造福已經退休的投資人——一群被基金業遺忘的人。而如果你想在相同的風險下賺到更多錢，只有一個法子可行，就是大幅削減基金的各項費用。但是，這類對客戶有好處的創新，是不大可能出現的。

金磚四國基金與海外基金

這些年來，隨著巴西、俄羅斯、印度和中國等金磚四國的投資報酬率暴增，基金業者也迅速推出投資這些地區的基金。我在這一行打滾了一輩子，我的經驗告訴我，因為這些國家過去的投資績效相當優異，就趕這個時髦，對投資人是不利的。不過，印度和中國股市後來暴跌（二〇〇八年上半年，就跌掉了三〇%到五〇%），我想投資人對這些國家的興趣應該會退燒些吧。

歷史告訴我們，當美國股市的報酬率領先別的股市，股票型基金流往海外市場的資金就會減少。當別的地方的股市漲幅超過美國，股票型基金流往海外市場的資金就會增加。從一九九〇年到二〇〇〇年，美國股市的漲幅大幅領先外國股市，所以毫不意外的，直接流向美國以外之基金的資金只有二〇%。可是，從那時起，外國股市就比美國股市有賺頭，因此，情況就扭轉過來了，這也不令人意外吧。二〇〇七年，流入外國基金的資金有二千二百億美元，流入美國股票型基金的資金只有一百一十億美元左右，真是令人擔心[22]。

不過，最熱的那幾個外國股市，其實風險也很高，所以千萬要當心。還要注意一點，從一九九〇年以來，美國以外的股市的報酬（包括近年來的榮景在內），比美國股市的報酬來得差：美國以外的股市的年報酬率是六%，美國股市的年報酬率則是一〇%。

基金經理人也不願投資自己管理的基金！

任何一位客觀的金融業老兵，都會對這些愚蠢的創新退避三舍。這些基金的問題，不只是它們採用未經證明有效、卻代價高昂的投資策略，提供投資人難以預測、也往往做不到的報酬。

更嚴重的問題，在於這些基金漠視簡單原則的價值，最後無可避免的導致極高比率的基金倒閉，只是這種消息很少被報導出來而已。我在上一本書《買對基金賺大錢》中就告訴讀者，美國在一九七〇年有三百五十五檔基金，其中只有一百三十二檔，熬過了接下來的三十五年。

二〇〇一年年初，美國有六千一百一十六檔基金，到了二〇〇八年年中，竟然有三千一百六十五檔走入歷史。怪不得，連基金經理人也不願「吃他們自己煮的菜」。在四千三百五十六檔股票型基金當中，有二千三百一十四檔基金的經理人，並沒有投資他們所管理的基金——**一分錢也沒！**

我不禁要問，如果只有半數的基金能夠撐過短短的七年，那資訊更少的投資大眾怎麼辦？他們怎能把基金，放進他們的長期投資策略中呢？再說，如果有一半以上的基金經理人，都不願把自己的錢投下去，那基金投資人對眼前還在營運的基金，怎麼會有信心呢？

事實上，投資人對基金的確是沒多少信心了。有位基金經理人（他並不是先鋒集團的一員）對基金投資人做了一項調查，結果發現：七一%的投資人並不信任基金業。六六%的投資人說，基金業者並沒有負起保障投資人權益的責任。就算是在動盪不安的金融業裡，基金也在「值得信賴的服務供應商」名單中吊車尾[23]。

簡單，就是最好的法子

換言之，我支持創新。但我支持的，是那種明確、一貫、能夠預測市場、低成本的創新；那種長期來說，對投資人有利的創新；那種讓人們相信，適用於未來、而不是適用於過去的創新；那種能把風險降到最低，也能夠清楚解釋風險本質與嚴重性的創新。

我反對複雜，反對那種亂七八糟、會把人搞糊塗的複雜；那種伴隨各種——只對創造、銷售金融商品的人有利、卻對投資人不利的——費用的複雜。

假如你覺得，我好像是在重申先前對指數型（不管是股票型還是債券型）、節稅型、準確到期日型債券和目標日期（target-date fund）[24]等等基金的肯定，那麼，是的，一點也沒錯。我和奧坎的威廉一樣，我們都相信，簡單的答案就是最好的答案。簡單，是通往成功的長期投資最短的捷徑。

我是指數型基金的頑固派，我相信，最早問世的指數型基金，由於設計很簡單（高度分散的股票投資組合，依成分股的市值來加權），以後也會成為投資人的標準投資方法。如果真是這樣，那些複雜金融商品的重要性就會降低。

誠如我在前面提到的，很多人都想學會煉金術，但很少有人成功。經過這麼多年，我依然在努力，想找出一套方法，可以「事先」找出會賺錢的策略與會賺錢的基金，可以成功預測這些會賺錢的策略可以維持多久、那些曾經績效卓越的基金經理人，又能繼續管理那些基金多久。

很容易預測的後果

我想我把自己逼到死角了，我就像基金界裡的老盧德派分子（Luddite）[25]，我為了簡單（也是成本最低）的想法，而在日漸複雜（也是成本超高的）的世界中顯得無趣又不受歡迎。不過，這個死角挺不錯的！

我的心情很平靜，我的良心也很安穩。我很高興，我在本章中提出的論點，幾乎都有當今學識最淵博、最受人敬重的學者來幫我背書，像是諾貝爾經濟學獎得主威廉・夏普（William Sharpe）和保羅・薩謬爾遜（他即將滿九十五歲高齡）。幫我背書的，還有當代最成功的投資專家，例如巴菲特。

這裡我想引用大衛・史雲遜（David Swensen）的話，史雲遜是耶魯大學捐贈基金的投資長，很優秀，人品也好，還擁有無與倫比的知識品格（intellectual integrity）[26]。以下這番話，代表我，以及這幾位大師的想法：

> 基金業的根本問題，主要是出在老練、追逐利潤的金融服務提供者，與天真、追逐報酬的投資商品消費者之間的互動上。華爾街和基金業熱中於追逐利潤，把受託責任（fiduciary responsibility）拋在腦後，後果很容易預測……基金業始終無法達成「提供超過大盤的報酬」這個最基本的積極管理目標……有項嚴謹的學術研究認為，以十到二十年的期間來說，基金業的稅前失敗率，如果拿來和先鋒集團的標準普爾五百指數型基金相比，是在七八%到九五%之間……。
>
> 對投資人來說，投資那些由非營利性的公司來管理的基金最有利，因為這種公司重視的是如何照顧投資人的利益。這種公司無須追逐利潤，因此就不會和經理人的受託責任起衝突。這種公司無須追求獲利率（profit margin），因此就不會和投資人的報酬相牴觸。這種公司無須追求外部企業利益，因此就不會和投資組合的管理選項起衝突。非營利性的公司把投資人的利益擺在第一位。最後一點，由非營利性投資管理公司來管理的消極型指數型基金，最有可能滿足投資人的願望……基金的世界浩瀚複雜，對投資人來說，最好的解決方案就是：簡單。[27]

總之，他說的話我完全贊成，**阿門**。

史雲遜支持不複雜、重視客戶的策略，他也支持簡單、重視客戶的組織結構。他的讚美十分貼切。他的話重申一件事情：我們的金融業已經夠複雜、夠創新、收取的成本也夠多了。可是，這個行業卻不夠簡單，而且還把投資人的收益稀釋到少得可憐。

---

1 奧坎在他的著作中用各種方式來說明這個剃刀原則。最常見的版本是從拉丁文翻譯過來的，「如無必要，勿增實體。」

2 二〇〇八年年中，《葛朗特利率觀察家》（*Grant's Interest Rate Observer*）檢視了一檔擔保債權憑證。這檔擔保債權憑證的本金價值二十億美元。後來，這檔擔保債權憑證每一系列的債券都被調降評等，AAA級債券如今被評為B1級（「投機級，信用風險高」）。整個債券組合的價值估計暴跌了八〇%以上，目前只剩下三億六千二百萬美元。

3 譯註：主要是借短債放長貸的貨幣市場基金，所以它們並沒有真正的擔保品。

4 譯註：這是雙方約定於未來特定週期，就不同計息方式之現金收付定期結算差價的一種契約。

5 譯註：這是一種可供信用提供者（放款人或公司債持有人）規避信用風險的契約，是常見的衍生性金融商品。

6 引自二〇〇八年六月國際清算銀行（Bank for International Settlements）《評論季刊》（*Quarterly Review*）。

7 引自美國中情局《二〇〇八年世界各國紀實年鑑》（*The 2008 World Factbook*）。

8 譯註：即喪失抵押品贖回權，貸款者未能履行對抵押承擔的義務時，貸款人贖回抵押物的權利將被取消的法律規定，也就是房子遭銀行取回或法院查封。

9 結果證明，二房就算有美國財政部撐腰，也無法緩解它們所面臨的強大財務壓力。因此，到了二〇〇八年九月，美國財政部就正式宣布接管二房。

10 譯註：原始說法是，離婚後再婚是「希望戰勝了經驗」。

11 譯註：知名的共同基金經理人，他從一九七七年到一九九〇年管理富達集團旗下的麥哲倫基金，創下高達二十八倍的投資報酬率。麥哲倫基金的規模也從他接手管理時的二千萬美元，遽增到一百四十億美元，成為全球最大的股票型基金。

12 引自"A Conversation with Benjamin Graham," *Financial Analysts Journal* 32 (5) (September/October 1976)。

13 投資人報酬是作者自行計算出來的。

14 譯註：共同基金各種費用占總資產的比率（以前一年年終資產淨值為準）。費用包括管理費、顧問費、行政作業費。

15 譯註：生命週期基金（Life Cycle Fund）的一種，以設定的退休年齡和退休金額，來配置退休金的資產投資。

16 引自作者與保羅・薩謬爾遜之間的通信。

17 譯註：基金經理人同時買進以及放空，使投資組合比較不會受到突發事件的影響。

18 譯註：利用投資原物料來避險。

19 引自Lisa Sandler, "Mania to Buy Back Stock Is Going Too Far, Some Say," *Wall Street Journal*, September 18, 1987。

20 引自Brian M. Carney, "The Credit Crisis Is Going to Get Worse (Interview with Theodore J. Forstmann)," *Wall Street Journal*, July 5, 2008, A9。

21 告訴你們一件有趣的事情：從一六六六年發生倫敦大火（Great Fire in London，倫敦史上最嚴重的一次火災）以來，到一九一八年第一次世界大戰結束，英國的商品價格一直沒有變動。整整兩百五十年啊！

22 基金流向數據引自策略洞察公司（Strategic Insight）。

23 引自Jonathan Shieber，"Read's Exit Is a Boost for Clean Tech–Calpers Head Aims to Start Own Fund Focusing on Sector," *Wall Street Journal*, April 29, 2008, C11。

24 譯註：依投資人人生目標（退休年齡）遠近做投資組合規畫，愈接近基金設定的目標日期，投資股票的比重越低，而投資債券及固定收益型資產的比重越高。

25 譯註：十九世紀初反對工業化的英國工人，他們發動騷亂，還搗毀紡織機器。

26 譯註：也稱知識上的正直，言行完全依據專業知識，該怎麼做就怎麼做，絕不自欺與妥協。

27 引自David Swensen, *Unconventional Success* (New York: Free Press, 2005)。

經營

4 算計太多，信任太少

愛因斯坦不只是理論物理學家，除了牛頓之外，或許就只有他不被當成只是科學家而已。愛因斯坦把深不可測、神祕難解的宇宙用數學來表示，歷史上無人能出其右。然而，愛因斯坦對數學並不是很感興趣，他曾經說，「不懂數學別擔心。我跟你保證，我的數學比你更爛。」

事實上，愛因斯坦十分了解量化的局限，也十分了解思考的缺陷（光是了解其中一點，我們就更清楚這個世界是如何運作了）。愛因斯坦後來在普林斯頓大學的高等研究院裡從事研究，他在他的研究室裡掛了一塊牌子，牌子上寫了一段話。這段話不僅適用於科學研究，也適用於人類的其他追求：

並不是每一件重要的事情都算得出來；也不是每一件算得出來的事情都重要。[1]

這個道理也適用於企業經營。

愛因斯坦既然是相對論之父，我們當然得從相對的觀點來理解這段話。沒有哪家企業可以什麼事情都信任，什麼事情都不算計；也沒有哪家企業可以什麼事情都算計，什麼事情都不信任。這個問題取決於平衡。

我個人偏重信任，較不重視算計。因為，我們可以用統計資料（圖表、曲線圖、表格）來證明企業中的每一件事情，然而，真正讓企業穩如泰山的，卻是那些無法量化的價值。

我在普林斯頓大學念大二時，就明白這個道理了。那是一九四八年，我之所以對經濟學感興趣，都是因為我讀了保羅・薩謬爾遜的《經濟學緒論》（*Economics: An Introductory Analysis*）第一版。當時的經濟學家都很重概念，都很傳統。我們學習的範圍涵蓋了十八世紀以降的經濟理論與世界級的經濟學家，像是亞當・斯密、約翰・彌爾（John Stuart Mill）、凱因斯等等。

以今天的標準來看，當時還沒有計量分析（quantitative analysis）。我還記得，微積分在當時甚至不列為經濟系的必修。不像這幾十年來計量金融分析師（quants）大量擁進金融業（但他們的績效很不穩定），在那個年頭，這一行壓根兒沒聽過什麼計量金融分析師。

「經濟與市場如何運作」的研究有了天翻地覆的變化，我不知道這個變化是否該歸功（或歸咎）於電子計算機的問世。功能強大到難以想像的個人電腦問世了，資訊時代揭開序幕。到了今天，計算當道，經濟也由它主宰。我們已經把愛因斯坦的忠告忘得一乾二淨了。現在的情況已經變成：如果你無法計算某件事情，那件事情就一點也不重要。

可是，這個說法我不同意。事實上，我覺得，那些認為「無法計算的事物就不重要」的人，幾乎跟盲目沒兩樣。

不過，在我探討衡量計算之前，探討那些無法衡量的事物（像是信任、智慧、人品、倫理價值等等，還有人類的良心與靈魂）之前，我想先來談談目前流行的幾種衡量法，還有政府、金融業與企業挖給投資人來跳的陷阱。

今天，不管是在社會上，還是在經濟或金融上，我們都太信任數字了。**數字，並不是真實**。在最好的情況下，數字也只是單純地反映真實；但在最糟的情況下，數字則會嚴重扭曲了我們想要衡量的真相。

數字造成的危害不止如此。我們不僅很依賴經濟和股市方面的歷史數據，我們也太過樂觀，因此我們就會誤讀這些數據，我們也會對這些不值得相信的數據深信不疑。我們崇拜數字，忽視無法衡量的事物。事實上，我們已經創造了一個數值經濟（numeric economy），這個數值經濟，會毀掉真正的經濟。

政府的數字能信嗎？

可笑的是，很多我們絕不能相信的數字，都是政府創造出來的。知名政治評論家凱文．菲力普斯（Kevin Phillips）在二〇〇八年五月號的《哈潑》（*Harper's*）雜誌上，發表了一篇叫〈數字騙局〉（Numbers Racket）的文章，他在文章中指出，我們都被政府提供的數據騙了，包括幾個很重要的數字在內，像是國民所得、國內生產毛額（GDP）、失業率和通貨膨脹率等等。

❖沒想到，美國的國內生產毛額竟然還包含所謂的隱含所得（imputed income），像是住在自宅所產生的所得的假定價值、免費支票戶頭的補助、雇主所繳納的保險費用的價值等等。美國的國內生產毛額總計是十四兆美元，這類幽靈所得，就占了一．八兆！

❖美國勞工統計局（Bureau of Labor Statistics）很得意地指出，二〇〇八年年中的失業率相當低，只有五．二%，只比年初的五．〇%上升了一點點。不過，這個數字並不包括連連碰壁以致不想再找工作的勞工、想找全職工作的兼職勞工、想要一份工作卻沒有積極找工作的人，這個數字也沒有包括靠社會福利傷殘金過活的人。如果我們把這些失業者加進去，失業率就會高達九％，是原來的將近兩倍。

❖ 消費者物價指數（CPI）少報得太誇張了。很多年前，指數中的「生活成本」做了調整，納入了「等同業主租金」（owner-equivalent rent），使得儘管近年來房市大好，但通貨膨脹率卻大幅下降。另外，現在的物價指數中，也納入了「產品替代」（product substitution）的概念，基本上意思就是：如果頂級漢堡太貴，那就用便宜一點的漢堡來代替。而且，如果成本之所以增加，是因為品質有所提升（這叫做「快樂調整法」（hedonic adjustments）），那我們就不需要把增加的成本算進去。（我不是在開玩笑！）這也就是說，如果機票貴了一倍，但飛航服務的效率也提升一倍，那麼，航空旅行的成本經過計算之後，還是維持不變。

歷史不會一再重演

投資界的數據也是漏洞百出。

社會大眾都把股票視為投資，他們認為，股票不只是投機炒作的工具。這個概念始於一九二五年，出自愛德格・勞倫斯・史密斯（Edgar Lawrence Smith）所著的《將股票做為長期投資工具》（*Common Stocks as Long-Term Investments*）。較新的說法則誕生於一九九四年，出自傑諾米・席格爾（Jeremy Siegel）所著的《散戶投資正典》（*Stocks for the Long Run*）。這兩本書大談投資股票的好處，它們都必須為接下來的大熊市負起部分責任。這兩本書出版以後，接下來都發生了——或許是老天注定的——百年難得一遇的史上最慘熊市。

在這兩本書中，到處都是數據，不過，席格爾那本鉅著更誇張，他在書中提到的數據多到數不清。他那本書是我們這個時代的產物，那些數據都是電腦算出來的，在它之前的著作全都沒得比。席格爾指出，過去兩百年來，美國股市的實質報酬率每年都在七%上下，但名目報酬率大概是一〇%——這個數字並沒有把大約三%的通貨膨脹率算進去。

不過，令我擔心的並不是《散戶投資正典》所提供的資訊。知識沒什麼不好，就像英國近代哲學家法蘭西斯・培根爵士（Sir Francis Bacon）所說，「知識就是力量。」令我擔心的是，太多人心中都以為，股市的歷史會重演。但是，要看清股市的未來，方法只有一個：不是研究股市的**歷史**，而是把——我們在第二章討論過的——股票報酬的**來源**看清楚。

專家……又錯了

專家實在太常出錯了。這已經是人盡皆知的事，你也許早就在懷疑，還有誰會蠢到用過去的歷史資料，來推斷未來的報酬率。但，就是有人這麼蠢，股市裡還是有很多專業投資顧問和分析師會幹這種事情。看看時下最夯的「蒙地卡羅模擬法」（Monte Carlo simulations）[2]吧。這些模擬法基本上是先計算股票的月報酬率，再把這些月報酬率丟進攪拌機裡攪拌，接著再用機率來推算一系列沒完沒了的排列與組合。這些模擬法最大的問題是：它們只注重歷史的總報酬率，卻忽略那些報酬率的來源。

投機的「報酬率」，取決於投資人願意花多少錢，來換取每一美元的企業盈餘（也就是本益比）——長期來說等於零。是的，企業的盈餘成長率會與總體經濟的名目成長率很接近（這一點也不令人意外！），但問題是，股利殖利率對報酬率的貢獻，並**不是**取決於歷史常態，而是取決於投資人預測（未來報酬率）時的**實際**股利殖利率是多少。

如果二〇〇八年七月的**實際**股利殖利率是二・三％，那麼，就算歷史上算到當時為止的**平均**股利殖利率是五％，又有什麼用呢？答案：一點用處也沒有。而在二〇〇八年年中，要投資人對於股票未來實質報酬的合理預期，就應該在五％左右，而不是歷史上平均的七％。

這真是再簡單不過了，但這往往也是複雜計算的問題所在：這些數字，無法傳達最簡單的真理。

雖然企業高層和他們的退休金顧問都很有經驗，可是，他們也都犯了同樣的錯。事實上，一般的企業年報都會刻意提到，「年報上的資產報酬率是假設性的，是由我們的精算師和資產管理團隊經過詳細的研究，**根據長期的歷史報酬率所定出來的**。」令人驚訝——但也很理所當然——的是，由於這樣的假定，企業提高了他們對未來的預期，把過去的報酬率往上調。

然而，正確的做法應該是反過來才對。

比方說，在一九八〇年代初期，那時牛市剛開始起步，各大企業對退休金資產（債券和股票）所假定的未來報酬率是七％。二〇〇〇年年初，股市漲到最高點，幾乎每一家公司都因此大幅調高他們所假定的未來報酬率。它們把未來報酬率上調到一〇％，甚至更高。然而，由於退休金投資組合不能只買股票，也必須買一部分債券，在股票和債券之間取得平衡。於是，他們偷偷地把**股票**的預期年報酬率調得更高，有些公司甚至調高到一五％。沒想到，接下來遭遇到熊市，使得那些數字看起來就像天大的笑話。

如果公司的財務長願意把電腦關掉，把他們的自利心態（他們會想辦法把提撥給退休金計畫的金額減到最少）改掉，再把凱因斯的著作拿起來好好看一看，他們就會明白數字永遠不會告訴他們的真相：二〇〇〇年的股市榮景，是泡沫堆積出來的，而泡沫又是各種情緒創造出來的。這些情緒包括了樂觀、積極和貪婪，這些情緒混雜了千禧年即將到來的興奮之情，還有資訊時代與新經濟所帶來的夢幻承諾。因此，股市的榮景是一定會破滅的。的確破滅了，在二〇〇〇年三月底，那時正好是企業年報發布的季節，股市榮景就在一〇%的預測成長率印在年報上的那一刻，破滅了。

假如投資人夠聰明，就會用目前的報酬率的來源，預測未來的報酬率。他們才不會用過去的報酬率，來預測未來的報酬率。

二〇〇〇年年初，股利殖利率來到了破紀錄的低點，只有一%，而本益比則是逼近了有史以來的高點，已經達到盈餘的三十二倍。這兩件事情說明了，為什麼在這十年裡，股票的平均報酬率已經降到一%以下。二〇〇九年年底，如果股市的情況還是和今天一樣，那麼，這十年的平均報酬率就會是史上第二低。只比一九三〇年代好一些，標準普爾五百指數成分股在那十年的平均年報酬率是〇・〇%。

過度樂觀的企業與分析師

在數字的迷思中墮落的，不只是資本市場。企業也是這樣。他們靠著數字來管理公司，為經濟帶來很嚴重的後果。

執行長預測自家公司的成長率，很少有猜對的，這是大家都知道的事。但他們這種過度樂觀的偏見，以及用（或者說，濫用）數字來支持這種樂觀偏見的做法，多少是為了自己的利益。證券分析師呢？這些人照理說應該以更客觀的眼光來審視這些數字啊，但他們卻跟著戴上盲目樂觀的眼鏡，對這些數字睜一隻眼、閉一隻眼。

企業都會向分析師發布所謂的「盈餘引導」（earnings guidance）。過去二十年來，華爾街的證券分析師都會定期預測未來五年的平均盈餘成長率。他們預測的年成長率，平均是一一．五%。但實際上，在接下來五年內能達成目標的，每二十家只有三家。這些公司實際的盈餘成長率，平均來說只有原本預估的一半左右，大概只有六%而已[3]。

預測和現實有很大的差距，但這又有什麼好意外的呢？

事實上，美國企業的盈餘和經濟成長率有很密切的關係，甚至可說是密不可分的。企業盈餘占美國國內生產毛額四．五%以下的年份很罕見，盈餘達到美國國內生產毛額九%以上的年份也很罕見。事實上，打從一九二九年以來，美國企業的稅後盈餘是以每年五・六％的平均速度在成長的，落後於國內生產毛額六・六％的成長率[4]。在弱肉強食的資本主義經濟裡，競爭激烈，消費者是老大，企業的利潤**怎麼可能**超過國內生產毛額呢？

企業的過度樂觀也帶來另一個我們很少注意到的問題：我們已經改變「盈餘」的定義了。打從多年前標準普爾（Standard & Poor's）信用評等公司開始收集資料以來，企業所公布的盈餘，都是依據「一般公認會計原則」（generally accepted accounting principles，簡稱GAAP）的標準，但近年來，這個標準被改成了「**營業**盈餘」（operating earnings）。

營業盈餘是用公告盈餘（reported earnings）減去所有亂七八糟的費用，像是存貨跌價準備（inventory revaluation）和資本沖銷（capital write-off）等，這些費用，通常是錯誤的投資和購併所帶來的結果。照理說在會計上，「營業盈餘」不應經常發生，但實際上企業卻年年用這種方式列帳。過去十年來，標準普爾五百指數成分股的公告盈餘，每股平均是五十一美元，而營業盈餘每股平均是六十一美元。隨便一算就能發現，營業盈餘這個虛幻的數字，比我們能夠信任的真實數字，高了二〇％。

還不只如此。我們現在還冒出了所謂「擬制性盈餘」（pro forma earnings）的爛點子，將一個原本好好的概念，加入了新的用法（再一次，也可以說是濫用）。擬制性盈餘，就是在公告企業的業績時，把不想要的部分去掉。這種粉飾太平的盈餘算法，讓我們進一步踏上錯誤的方向。

如今，連經過稽核認證的盈餘也不再可信了，因為重編盈餘的企業，暴增了將近十八倍——一九九七年只有九十家，到了二〇〇六年，重編的企業高達一千五百七十七家。這樣的財報，像是精確可信的嗎？才怪。事實上，今天的企業財報，簡直漏洞百出。

美國的會計準則很寬鬆（也就是，**計算很寬鬆**），使得企業有揑造盈餘的空間。有個做法就很盛行：先進行一次收購（acquisition），再把大筆收購費用列為非經常性支出，幾年後，當需要美化下滑的營運成績時，只要反過來操作即可。

不過，美國會計準則的問題不只如此。今天，財報上有許多大筆的項目都被歸類為「無形」；退休金計畫所假定的未來報酬率會被誇大；企業會借錢給顧客，讓顧客有錢向他們買東西，然後再把購買的金額列入自己的業績；每一季結束前，企業會為了衝業績而硬是弄出多幾筆交易。如果無法達到預估的數字，只需把數字改一改就成了。所謂的「**創意會計**」（creative accounting）[5]，其實與「**不誠實會計**」（dishonest accounting）只有一線之隔。

算計的不良後果

當政府編製經濟假帳（而我們卻據此來衡量經濟表現），當金融機構抓著歷史數據不放，當企業為了自己的利益而故意過度樂觀，所帶來的問題不只是抽象的數字而已。這會對社會造成很大的影響，而且大都是負面的。

比方說，如果投資人相信，股市的報酬率可以用某種精算表計算出來，那他們對於風險——來自投資報酬不可避免的多樣性，以及投機報酬不可避免的不確定性——就不會有所防備。結果，會使得他們根據市場當下的氛圍，做出不智的資產配置。

明白了這個道理，那些犯了這個錯誤的退休金計畫，都要趕快改弦易轍。如果你是根據金融市場過去的實際報酬率（不管有多少），而且忽略了金融中介所收取的成本以及稅負問題（這些費用都很驚人，更不用說還有通膨了）來規畫退休金，那麼，你最後存下來的錢將會少得可憐，根本不夠過什麼舒服的晚年。

這種假數據還有一個後遺症，就是：在金融市場的逼迫下，企業不得不捏造根本不可能持續太久的盈餘成長率。如果企業無法靠腳踏實地、苦幹實幹來達成他們的數字目標（亦即透過長期計畫，提高生產力，改善老產品，創造新產品，提供更友善、更及時、更有效率的服務，提高同仁的工作效率等等——最賺錢的企業，都是靠這些方法成功的），那麼，他們就會採取別的招數——那些會從你我、從整個社會身上榨取價值的招數。

Avis租車公司換過十八個老闆！

其中一種招數，就是積極的併購策略。大多數的併購都無法達成他們的目標，二〇〇二年《紐約時報》的「意見專欄版」刊登了一篇文章，把採取這種策略的企業形容得很好。這篇文章說，這些企業是「連續兼併者，用一連串令人眼花撩亂的交易，來掩蓋他們長期以來的經營不善」[6]。

近期最有名的例子，是泰科國際有限公司（Tyco International）。泰科國際在遭到報應之前，併購了七百家企業。然而，誠如這篇文章說的，這個策略幾乎注定會失敗：「他們的數字膨風帝國，很快就會被市場規則摧毀。」

絕大多數的併購活動到最後都會變得很荒謬。二〇〇七年五月，專欄作家麥克・金斯利（Michael Kinsley）在《紐約時報》上的一篇文章中指出，華倫・艾維士（Warren Avis）在一九四六年想到一個好點子，於是就創辦了Avis機場租車公司（Avis Airlines Rent-a-Car）。兩年後，他把公司賣給另一名生意人，這名生意人又把Avis租車公司賣給一家叫阿莫斯克亞格（Amoskeag）的公司，接著，阿莫斯克亞格公司又把Avis賣給拉札德（Lazard Freres）投資銀行，而拉札德又把Avis賣給國際電話電報公司（ITT Corporation）——故事說到這裡，也才來到一九六五年而已！

金斯利說，Avis租車公司換過十八個老闆，每換一次，「都要付給銀行家很多費用，也要付給律師很多費用，還要付給管理高層很多紅利（不是把過去欠他們的還給他們，就是為了把他們簽下來而付給他們），還要編很多理論來說明，為什麼公司非得這麼做不可。」[7]

從那時起（這是個很長的故事），Avis又變成一家公眾持有的公司，然後又被大集團（諾頓西蒙〔Norton Simon〕、艾斯馬克〔Esmark〕、碧翠絲食品〔Beatrice Foods〕）買走，然後又被賣給威斯瑞資本（Wesray Capital）公司。威斯瑞資本公司又把一半的業務賣給ＰＨＨ集團（PHH Group），剩下的業務則賣給Avis的員工。而Avis的員工又把一半的Avis，賣給一家叫ＨＦＳ企業（HFS Corporation）的公司，這家公司把Avis推上市，而Avis又把擁有一半Avis業務的ＰＨＨ買下來，Avis租車公司又合體了。然後，剛合體的Avis租車公司又被聖達特（Cendant）公司買下來。哇！

金斯利的結論是：「現代資本主義有兩個環節：一個環節是企業，另一個環節是金融。

企業能讓你在機場租到車，金融卻不行。」今天，企業大都離不開金融，擺脫不了我前面提到的「明斯基陰影」（Shades of Minsky）。

和Avis租車公司的股東相比（他們才是這家公司的真正老闆，可是他們根本賺不到幾個錢），參與Avis租車公司每一次交易的金融業者，從這些交易中撈到的錢，比股東們賺到的多太多了。

剪刀、石頭、布

Avis租車公司是個很好的例子，精準地說明了一件事：很多企業已經變成金融公司了——變成工於**計算**，再也不事**生產**。看看當今執行長最倚重的左右手，幾乎全是財務長——在投資界眼中，這些人往往是地下執行長。金斯利在《紐約時報》那篇文章中說得很好：「它們（金融公司）在制定策略時，所關心的不是對他們所涉足的產業有多少認識，而是假定自己只要能搞到有賺頭的交易，就能比市場上其他人賺到更多錢。」

你或許還記得小孩子玩的「剪刀、石頭、布」遊戲。我在《為資本主義的靈魂而戰》（*The Battle for the Soul of Capitalism*）中曾經說過，當股市很狂熱，當股價和價值脫鉤，只管

算計、像一面「布」般淺薄的公司，可以吃掉擅長**製造**、像「石頭」般堅強的企業。但是，這會帶來毀滅性的後果，就像美國線上（America Online，簡稱AOL）和時代華納（Time Warner）公司的併購案，奎斯特通訊（Qwest Communications）和美西（U.S. West）公司的併購案，以及世界通訊（WorldCom）和MCI的併購案。我想我應該不用告訴你，哪家公司是「布」，哪家是「石頭」吧。這些都是企業積極併購的例子。「石頭」公司被吞掉也就算了，但數十萬名忠心耿耿的老員工不僅丟了飯碗，還得眼睜睜地看著退休金大幅縮水。

成長，不能揠苗助長

我並不是因為自己算術不好才這麼說，我得跟你們說清楚，我並不是說數字不重要。為了溝通財務目標與績效，衡量標準（measurement standards，如果你願意的話，也可以稱為**算計**）很基本，也很重要。這一點我很清楚。

四十年來，我參與創辦了一家公司（也是一家金融機構），並且努力實踐許多大家都知道的投資道理、秉持人文價值觀與道德標準、重視我們與客戶之間的信任關係。我們盡量不用量化的目標，也不強調各種統計數據上的成就。但正如我說過的，對我們而言，市場占有率只是一種**衡量的工具**，不是我們的**目標**。先鋒集團的市場占有率要靠實力**掙來**，而不能是**買來**的。而這二十八年來，先鋒集團在基金業的市場占有率不斷提高，從來沒有間斷。

我們的策略來自一個信念：最好的企業成長策略，一定是把「為客戶提供優良的服務」擺在「盈餘目標」之前。

成長，一定得順其自然，不能揠苗助長。當然，沒有哪一家企業可以完全不在乎數字（像先鋒集團這麼大的企業當然也沒辦法），不過我經常發現，重視**信任**的公司，和重視**算計**的公司，在管理風格上很不一樣。我衷心希望，曾在先鋒集團服務過的成員，會說我們這家公司是家重視「信任」的公司。這幾十年來，我在全公司每一張辦公桌上都貼了下面這句格言，我想用這種方式來強化這個中心思想：

看在老天的分上，讓我們一起努力讓先鋒集團成為一個有著起碼「判斷力」的地方吧。

祖先的智慧，成了「個人意見」

我對信任的信念可以追溯到「黃金律」（the Golden Rule）[8]。畢竟，《聖經》叫我們去愛我們的鄰人，它可沒叫我們去量化鄰人的人品。《聖經》要我們「己所不欲，勿施於人」，也要我們「別人怎麼對我們，我們也得怎麼對別人」。

先鋒集團的守護神是英國海軍英雄納爾遜。他是「先鋒號」戰艦的艦長，也是男人的典範，後來在特拉法加之役（Battle of Trafalgar）中為國捐軀。從他身上，我們也看見了黃金律。二〇〇五年十月二十三日，在他的兩百年忌那天，我和妻子伊芙在倫敦的聖保羅大教堂聽布道，那天的布道是這麼形容納爾遜的：

> 納爾遜是一位能幹老練的專業人士，也是一位兢兢業業的經理人……不過，領袖在做決策的時候，必須時時刻刻想著基本信念，也必須時時刻刻想著內心深處的召喚。這麼做不僅能培養健全的自信心，也能讓我們在最惡劣的情況下，克服恐懼，鼓舞他人。想要培育出高效能的領袖與部屬的教育體系，一定要嚴肅看待「如何形成基本信念」這個課題。

然而，我們生活在一個奇怪的時代裡，只要是化學元素週期表，或是能被量化、簡化為數學真理的事情，我們都視為對真實的精確描述。但是，「登山寶訓」[9]和世上那些充滿智慧的傳統教義學說，我們卻只把它們當做已故聖賢的個人意見罷了。

納爾遜十分看重個人召喚，因為他是在某個傳統中長大的，而這個傳統也把「在靈性生活中成長」（growth in the spiritual life），理解為「在愛鄰人中成長」（growth in love of neighbour）。納爾遜不遺餘力地幫助他的艦友，為他們服務。他對部屬十分信任，他的信任很有感染力，部屬身上最好的部分都被他召喚出來了。部屬不僅為他賣命，也加入他所相信的志業……那是一種信念，如果人們得到別人的信任，他們就會變得值得信任。[10]

一個只懂得算計的時代

算計，顯然戰勝了信任，對於這一點，我們能夠做些什麼？

為了尋找答案，我向大衛·博伊爾（David Boyle）求助。博伊爾是英國著名的社會評論家，也是《為什麼數字使我們失去理性》（*The Sum of Our Discontent*）的作者。

> 我們……生活在這個時代，我們的生活已經被數字和計算淹沒了。我們逐漸被「目標」控制住了。……令人恐懼的是，因為電腦能夠計算、衡量幾乎一切的事物，所以我們什麼事情都交給電腦來處理。我們曾經能夠信任自己的判斷、常識和直覺，我們曾經可以

靠此來判斷我們是否生病了。如今，我們處於危險之中，只要事情還沒計算出來，我們就什麼事情都完成不了。

對於憑直覺即可獲知答案的人性問題來說，數字和衡量就和「國王的新衣」一樣脆弱。我們越是衡量真正重要的事物，那些事物就逃得越遠。然而，我們卻能辨識那些事物，有時一眼就能看穿。如果我們多多依賴這個「一眼」，如果我們多多依賴這個「看穿」，或許對我們大家來說，是再好不過了。[11]

不過，認為「算計」必須擺在「信任」之後的，不只是社會評論家而已。我們來聽聽商界楷模比爾・喬治（Bill George）是怎麼說的吧。

喬治是美敦力（Medtronic）醫療產品公司的前執行長，美敦力是醫療科技業的先驅。他說：「信任是一切，因為成功取決於顧客信任他們所購買的產品，取決於員工信任他們的領導人，取決於投資人信任幫他們從事投資的人，取決於社會大眾信任資本主義……如果你做人沒有誠信，沒有人會信任你，他們也不應該信任你。」[12]

我們已經沒有別的路可走

請別誤會我的意思，我很重視計算，沒有人比我更清楚商界的競爭有多激烈。套句英國著名哲學家霍布斯（Thomas Hobbes）的名言，很多（應該說，是大多數）企業的生活是「孤獨、貧困、污穢、野蠻而又短暫的」。不競爭，一定滅亡。在這種情況下，我們沒有別的路子可走，我們只能制定客觀、可衡量的目標，對於我們做到的部分，就我們應負的責任，負起全責。

但我其實也很重視一個深刻的道理：算計，如果缺乏了信任，最好的情況是白忙一場，但在最壞的情況下卻是危險的。

不管你同不同意我的看法，最起碼我一路走來，始終如一。將近四十年前，也就是一九七二年，我在「威靈頓管理公司」的年度報告中（我當時是這家公司的負責人），引用美國著名民意測驗專家丹尼爾・楊克洛維奇（Daniel Yankelovich）的話做為結語，他說，我們太相信算計了[13]：

第一步，衡量能夠輕易衡量的事物。到目前為止，這一步走得還可以。第二步，把無法衡量的事物丟到一邊，或是隨便給這些事物定個量化的價值。這一步很假，也會令人誤解。第三步，假定無法衡量的事物並不是很重要。這一步很愚蠢。第四步，宣稱無法衡量的事物其實並不存在。這一步無異於自殺。[14]

我相信，這番話放在今天來看，就和當時一樣正確，也比過去更切中現實。企業必須牢記，「並不是每一件算得出來的事情都重要。」今天，我們算計太多，卻信任太少，我們應該在這兩者之間，求取更穩健的平衡。

---

1 引自Alice Calaprice, ed., *Dear Professor Einstein: Albert Einstein's Letters to and from Children* (Amherst, NY: Prometheus Books, 2002)。

2 譯註：這個模擬法假設，投資組合的價格變動服從某種隨機過程的型態，因此可以藉由電腦模擬，產生幾百次、幾千次，甚至幾萬次可能價格的路徑，並依此建構投資組合的報酬分配，進而推估其風險值。基本上蒙地卡羅模擬法，是一種基於大數法則的實證方法，當實驗的次數越多，它的平均值也就會越趨近於理論值。

3 盈餘的預測數據引自摩根士丹利（Morgan Stanley）公司一九八一年到二〇〇一年的調查，後面是作者的估計。

4 盈餘與國內生產毛額的成長率引自美國經濟分析局（Bureau of Economic Analysis）的數據。

5 譯註：利用有利的會計準則編製損益表和資產負債表，來提高報告利潤和資產價值，以掩蓋企業的真實財務狀況。

6 引自Jeffrey Sonnenfeld, "Expanding without Managing," *New York Times*, June 12, 2002, A29。

7 引自Michael Kinsley, "We Try Harder (but What's the Point?)," *New York Times*, May 16, 2007, A19。

8 譯註：也就是《聖經》中說的：「你要別人怎樣待你，你也要怎樣待人。」

9 譯註：《新約聖經》「馬太福音」第五到七章。

10 引自二〇〇五年十月二十四日特拉法加之役兩百週年紀念倫敦主教所做的布道。亦可見於www.stpauls.co.uk/page.aspx?theLang=001lngdef&pointerid=754804RFA3tsB3ydyNHKhpcNWK0U8O8J。

11 引自二〇〇一年十月十八日大衛・博伊爾在英國蓋茲赫德（Gateshead）對皇家藝術學會（Royal Society of Arts）所發表的演講〈數字的暴政〉（The Tyranny of Numbers）。

12 引自Bill George, *True North* (San Francisco: Jossey-Bass, 2007)。

13 楊克洛維奇是哈佛大學畢業的高材生，創辦了當時最先成立的行銷研究公司，他比大多數人都清楚計算的運用與濫用。

14 楊克洛維奇這番話引自Adam Smith (George J. W. Goodman), *Supermoney* (New York: Random House, 1972)。

5 商業太多，專業太少

從很久很久以前、傳統價值觀根深柢固的時代，到價值觀變得很彈性、數據大行其道、道德卻幾乎付之闕如的今天，最明顯也最令人不安的一件事，就是「專業」機構慢慢變種，成了以「商業」活動為主的企業。就像權力會使人腐化，金錢也腐化了我們原本正常的公共議題。

我們並非一直如此的。四十多年前，《戴達勒斯》（*Daedalus*，美國人文與科學院〔American Academy of Arts and Sciences〕創辦的雜誌，是一本很受敬重的雜誌）雜誌很得意地宣布：

> 無論在美國生活的哪一個層面，專業都勝利了。

二〇〇五年，夏季號的《戴達勒斯》雜誌又把這個題目拿出來做一遍。不過，該期的封面故事卻說，專業的勝利很短暫。「專業逐漸屈服於各種新壓力──從科技越來越進步，到賺錢越來越重要。」那篇文章還說，「天職」這個觀念已經被「強大的市場力量」摧毀了，「那些市場力量太強大了，我們越來越難區分，專業人士和那些（大都）擁有權力與資源的非專業人士，到底有什麼不同。」

我們先來想一想，當我們談到專業（profession）和專業人士（professional）時，我們指的到底是什麼意思。《戴達勒斯》雜誌的文章對專業下了一個定義，認為專業具有以下六個特徵：

1 忠於客戶的權益，以及整體社會的福祉。

2 擁有淵博的學識與專業知識。

3 有一套特殊的專業技能、實務與表現。

4 有成熟的能力，能在道德不明確的情況下，依誠信正直做出道德判斷。

5 做事有條有理，能從經驗當中學習（獨自學習或集體學習），因此，也能從實務當中逐漸累積新的知識。

6 能發展出專業社群，確保實務上與專業上教師的素質。

《戴達勒斯》雜誌接著提到：「**專業的基本特徵，是以負責、無私、明智的態度來執業……還要在專業團體與社會大眾之間，建立應有的倫理關係。**」[1]

財富管理，是一門專業

提到專業人士，我們大都會想到醫師、律師、教師、工程師、建築師、會計師和牧師。我想，我們應該也都同意，記者與受託管理他人金錢的受託人（trustee）——至少，在理想上——也算專業人士。

然而，在很多專業領域裡，傳統的價值觀已經崩解了。這種情況（還有其他很多）之所以會發生，是因為我們這個社會只顧著精確計算一點都不重要的事。不受約束的市場力量，不僅挑戰著我們對專業的信任，在某些情況下，甚至摧毀了我們歷經了數百年才發展而來的專業標準。

很遺憾，這些有害的市場力量，是金融服務業（包括我奉獻一生的基金業在內）帶頭搞出來的。財富管理這一行，過去是一門並不那麼看重商業的專業，但如今已成了不太看重專業的商業。

哈佛商學院教授雷克什・庫拉納（Rakesh Khurana）的話一針見血。他是這麼定義專業人士的操守的：「我會為社會創造價值，而且我不會榨取社會的價值。」我們的經濟活動中，有很多人都在努力創造價值。價值，是我前面提到的那些專業創造出來，是製造商品的製造商創造出來，是服務的提供者、工程師、營造商等人創造出來，但卻不是金融業創造出來的[2]。誠如我前面提到，財富管理業是從企業賺到的報酬中榨取價值，並在追求自身商業利益最大化的過程中，喪失了專業。

拋棄專業操守會帶來嚴重的後果，隨便就可以舉出好幾個例子。在公共會計（public accounting）的領域中，美國一度有八大會計師事務所（現在只剩「最後四強」了），這八大會計師事務所一步一步地，開始為他們的簽證客戶（audit client）提供很有賺頭的諮詢服務，成了客戶的生意夥伴，而不再是獨立專業的角色。二〇〇二年破產的安達信（Arthur Andersen）會計師事務所，以及早它之前出事的大客戶安隆（Enron）[3]都宣告破產了，便讓我們看見這種關係所帶來的嚴重後果。

我並不是現在才關心這件事情。我以前寫過很多文章，探討新聞業中商業價值觀與專業價值觀的失衡現象——發行部的重要性逐漸凌駕編輯部。近年來，美國幾份大報，像是《紐約時報》、《洛杉磯時報》（*Los Angeles Times*）、《華盛頓郵報》（*Washington Post*）等等，陸續發生醜聞。

法界當然也不例外。法律人的專業操守過去一向很好，但今天已經不比從前了，名譽敵不過金錢的誘惑。最近有兩名十分傑出、專打刑事案件的律師，就被抓去關了。

醫界也一樣。在醫療業裡，照顧者的人道關懷，病人的基本需要，根本敵不過商業上的利益——包括大型醫院集團、保險公司、藥廠與藥商，以及健康照護組織（health maintenance organizations，簡稱 HMOs）等。

理應被服務的客戶，如今成了輸家

很多專業人士和客戶之間，已經從「專業關係」逐漸變成一種「商業關係」了。在這個服務的使用者被視為「客戶」的世界，服務的提供者被視為「賣方」，也就不足為奇了。也可以這麼說：當服務的提供者成了槌子，客戶就會被當做釘子。

不是我太天真。我當然知道，每一種職業都有商業的一面。否則，如果收入無法大於支出，沒有任何組織能夠存活，就算是崇高的宗教機構也不例外。我們是有很多值得驕傲的職業，可是當中有很多變質了。這些職業原本很令人信賴，很照顧客戶的權益，現在，卻變成追逐競爭優勢，講究利潤的「企業」了。而依賴他們提供服務的人，也成了輸家。

知名作家羅傑・羅文斯坦（Roger Lowenstein）在幾年前也有類似的觀察，他感嘆，「喀爾文教派的清廉正直」（Calvinist rectitude）——源自於「舊世界的觀念，像是誠信、道德，還有對顧客忠心耿耿」——已經不復見了。「美國的職業，」他寫道：「已經變得很商業了……會計師事務所竟然贊助高爾夫球賽。」或許他還可以加上一筆：共同基金的經理人也有樣學樣，甚至還買了球場的冠名權[4]！「爭取（專業）獨立的戰爭，」他的結論是：「永遠不會成功。」[5]

資本主義的價值觀

我們的企業，也遠離了資本主義的傳統價值觀。當代資本主義的起源，可以回溯到十八世紀末的英國工業革命。資本主義的興起，是的，正是與創業和冒險精神、與籌措資本，與激烈的競爭，與自由市場，與運用資本來賺取報酬等原因有關。然而，早期的資本主義之所以運作得那麼好，是因為有個核心的原則：信任與被信任。

這並不是說，資本主義長期以來都沒有發生過嚴重的問題。資本主義有些問題是道德層面的，例如早期工廠裡虐待工人（經常是童工）的現象。其他問題還有違反公平競爭的遊戲規則，像是過去的石油托辣斯和強盜大亨（robber baron）。二十世紀末期所出現的問題，則是：資本主義的結構被腐蝕了，不只是「信任與被信任」越來越不重要，連企業的擁有者也成了次要的角色。

一去不復返的「所有人社會」

這樣的發展背後，有兩股主要力量。首先，是**所有人**資本主義（owners' capitalism）變成**經理人**資本主義（managers' capitalism）的現象，我稱之為「病理學上的突變」。我們過去的「所有人社會」（ownership society）——也就是企業的股權掌握在直接股東的手裡——已經變質，也不再能有效運作。從一九五〇年以來，美國股票由散戶直接持有的比例，從九二%暴跌到二六%，但由投資機構間接持有的比例，卻從八%上升到七四%，徹底推翻了原有的「所有人結構」。

「所有人社會」已經消失了，而且一去不復返。取而代之的，是一個全新的、由金融業掌控企業的「代理人社會」（agency society）。

然而，這些**代理人**卻令人失望。我們的企業、退休基金經理人和基金經理人，他們受投資者的託付（相當於一億個有買基金與退休金帳戶的家庭）來管理資金，結果卻往往把自己的利益，擺在委託人的利益之前。

這種結構性的「突變」，說明了美國資本主義體系所發生的變化。不過，還有第二股力量，讓這個問題變本加厲。

這些剛剛才被賦予更多權力的代理人，似乎很快就把信任、嚴謹等基本**原則**拋到九霄雲外，從長期投資轉向短期投機。當投資人重視的不是企業的內在價值，而是股價，首先出問題的，就是公司治理（corporate governance）。想想看，假如你一年後不見得會持有這些股票，又何必去關心別的股東怎麼想呢？

這兩股力量「左右開弓」造成的後果，亞當．斯密說得好，他在兩百多年前就提出警告，卻好像一直沒被人們重視：

> 替別人管錢的經理人，很少像管理自己的錢那樣……謹慎又警覺……他們很容易替自己

開脫，怠忽職守與草率揮霍的現象屢見不鮮。[6]

這個時代正是如此。從我們的企業主管和基金經理人身上，處處可見「怠忽職守與草率揮霍」，幾乎到了完全不顧股東付託的地步。替別人管理錢財時應該「如履薄冰」，這是過去這一行所奉行的專業規範，但如今，這些經理人都沒發現自己已經把這規範忘得乾乾淨淨了。套用知名作家厄普頓・辛克萊（Upton Sinclair）的話來改一下：「如果一個人**不用**搞懂某件事，就可以賺到一大筆錢，那麼，要這個人去搞懂這件事，簡直比登天還難。」

執行長們還能有什麼藉口

今天，「一大筆錢」已經不足以形容我們的企業付給高級主管的酬勞了。這種情況是這兩股力量——「所有人社會」成了「代理人社會」，以及新「代理人」的短期持有策略——所造成的。

商業價值觀與專業價值觀之間，最大的差別在於金錢所扮演的角色。在商業上，錢是越多越好，然而在專業上（至少是理想上），錢的重要性遠不如道德標準與社會服務。

企業領導人的薪資，如今已經高到令人瞠目結舌的地步。但這些企業的執行長到底對我們的經濟貢獻了多少價值？我實在看不出來。我在《為資本主義的靈魂而戰》中，也提過我對這個問題的看法：

> 一九八〇年，執行長的平均薪資是一般職員平均薪資的四十二倍；到了二〇〇四年，這個比例上升到二百八十倍。不過，二〇〇〇年才是最高點，比例達到了五百三十一倍。跟那時相比，二〇〇四年已經下跌很多了。
>
> 過去二十五年來，執行長的薪資用現在的幣值來看，上漲了差不多十六倍，在此同時，一般職員的平均薪資才上漲了一倍多一點。然而，如果用一九八〇年的幣值來推算，一般職員的平均薪資每年卻只增加〇．三％，僅夠他們勉強餬口。可是，執行長的薪資卻以每年八．五％的速度在增加，而用一九八〇年的幣值來算，他們的薪資在這段期間內增加了七倍以上。
>
> 執行長之所以能夠領取這麼優渥的薪資，是因為他們為股東創造了財富。但是，執行長的薪資快速增加，和他們創造出來的價值相當嗎？就平均來說，當然不相當。用實質貨幣來算，企業總利潤的年成長率不過是二．九％，相較之下，美國經濟（即國內生產毛

額）的年成長率卻是三．一%。企業總利潤的成長滯後，令人有點洩氣。可是，既然企業總利潤的成長滯後，那執行長的平均薪資在二〇〇四年（也就是這個時代最反常的年份之一）怎麼會達到令人咋舌的九百八十萬美元呢？[7]

最近幾年，很多公司的股票報酬沒有增加多少（通常還減少），然而，執行長的薪資還是很高。他們還有什麼藉口呢？

我前面說過，美國企業的盈餘占國內生產毛額的比率，多年來一直很平穩，並沒有增加多少。所以，執行長不能以此為加薪的藉口。何況，執行長的薪資以前是一般職員平均薪資的四十二倍，到了二〇〇四年卻暴增到二百八十倍，如今更漲到一般職員平均薪資的五百二十倍，高達一千八百八十萬美元，幾乎是二〇〇四年的二倍[8]。

執行長的能力假如（也許該說「一定是」）很普通，那我們該如何解釋薪資暴增的現象？有一個說法是，他們的薪水，反映著一個大趨勢：不管哪一行，只要是能力最強的，或是運氣最好的，薪水上漲的幅度都很大。例如電影明星和職業運動員等等。明星運動員和影視紅人的薪資當然是天價，但他們的薪資都是直接、間接由他們的粉絲來買單的，而且球隊或電視台的老闆，也都心甘情願從口袋裡掏出鈔票來付給他們（因為這些明星幫他們賺進了大把鈔票）。這種交易很公平，但相較之下，執行長的薪水是董事會支付的，但錢並不是董事從自己的口袋裡掏出來，而是拿別人的錢來付的。從這個例子就可以知道，美國投資制度的「代理人問題」有多嚴重，我們只談商業經營，不重專業操守。

股東，跟廢物沒兩樣

根本的問題在於：執行長的薪水，很少是由股東決定的。

班傑明．葛拉漢很久以前就談過這個問題，他的看法很正確。他發現，從「法定權利」的角度來看，「股東才是老大，只要經過多數同意，他們就可以聘用或開除高級主管，他們也可以要求高級主管乖乖聽話」。但是，從「實際行使這些權利」的角度來看，「股東跟廢物沒兩樣……他們既不精明，也沒有警覺心……不管高級主管提出什麼建議，不管高級主管過去的成績有多差，他們全都像隻小綿羊乖乖投票。」，葛拉漢這番話，寫於一九四九年，當時來看很有道理，放在今天，更是一點也沒錯。

隨著董事會對股東越來越沒責任感，以下三個「代理人問題」，也腐蝕著我們的公司治理。首先，是基金經理人。這些人的薪水很高，也掌握了上市公司的股權，但卻對這個問題漠不關心。其次，基金經理人有利益衝突。一方面，他們受基金投資人和退休基金受益人之託，但另一方面，他們也負責募集和管理基金與退休基金帳戶名下的資產，而他們只顧後者，卻不管前者死活。第三，絕大多數基金經理人都不再從事長期投資了（從邏輯上來說，長期投資就需要密切注意公司治理方面的問題），他們現在都在短進短出（不必管公司治理方面的問題）。

有個辦法也許可以解決這三個問題：執行長的薪資必須由不受人控制的股東來表決。這個辦法的執行成本很低，還能強迫機構基金經理人（美國企業實際上是掌握在他們手裡）負起他們應負的責任，當個盡職的企業公民，增進美國社會的福祉。

股價，再虛幻不過了

看到那些CEO的薪資，隨著公司股票上揚而水漲船高，應該沒有人會感到意外。畢竟，執行長的薪資組合（compensation package）中，股票選擇權占了很大的比重，在這種組合下，CEO的薪資不跟著拉高才怪。

但是，對於這種把執行長薪資與股價掛鉤的做法，我非常不以為然。我們都知道，短暫的、隨時在變動的股價，儘管有數據可循，卻再虛幻不過了。執行長的表現好壞，應該要看他長期建立的企業內在價值。內在價值雖然較無具體數據可循，卻是——很矛盾地——很實在。

要獎勵執行長的長期表現，以企業的內在價值來決定，遠比用容易變動的股價好得多。比方說，我們也許可以根據企業的盈餘成長率、現金流量（這個辦法更好，因為現金流量更難操縱）、股息成長率（理由同上）來決定執行長的薪資，我們也可以用「相較於同業、相較於全體企業（例如，標準普爾五百指數的所有成分股）的資本報酬率」來決定執行長的薪資。不過，這些指標必須涵蓋較長的期間才行。此外，唯有超過某種要求報酬率（hurdle rate）[10]，才能給執行長發獎金；想要達成要求報酬率，公司的報酬率就必須超過資金成本。當然，這些目標是很有挑戰性啦，但是，勇於面對挑戰，不正是企業成功的關鍵嗎？

績效，才是最重要的

這個明顯有問題的執行長薪資制度，得歸咎於「薪資顧問」這一行的興起。

首先，一個老是認為執行長應該拿較低的薪水，或是老在建議企業對執行長薪資採取更嚴苛標準的薪資顧問，保證不會有客戶找上門。雪上加霜的是，這些顧問所用的方法——就是把執行長們的薪水分等級——必然會帶來「棘輪效應」（ratchet effect），意思是：薪水只會漲，不會跌。

人們已經發現，董事會常常會很寵愛他們的執行長（起碼會寵到執行長出狀況為止）。如果董事會發現他們心愛的執行長，薪水是落在第四級，他們就會設法給他加薪（比方說，加到第二級）。這一來，就會有另一位執行長落到第四級。然後，這個落到第四級的執行長的董事會，又會幫他加薪。這些年來，執行長們的薪水之所以不停地往上攀升，正是因為薪資顧問們的推波助瀾。

這種方法根本是錯的，所造成的問題再明顯不過了：執行長的薪水總是往上調，幾乎不曾往下降。巴菲特非常討厭薪資顧問，他稱這些業者為「棘輪、棘輪與賓果」（Ratchet, Ratchet, and Bingo）公司。而除非我們改為依據**經營績效**——而不是**同儕標準**——來決定執行長的薪水，否則執行長的薪水就一定會只增不減。

最後一點，執行長的薪資應該包含附帶條件。他們的獎金應該分好幾年發放，他們的股票選擇權也應該逐步履行。比方說，第一次行使這項權利時，只能執行五〇%的選擇權；然後在接下來五年，每年只能執行一〇%。執行長的薪資也應該訂追回條款，如果企業的盈餘下修，執行長的獎金就得繳回。

如果執行長為了拿到更高的薪資，而決定採取積極的策略，讓企業承受很高的風險，那麼，萬一這項高風險的策略失敗，造成股價暴跌、風險反噬（就像當前的金融危機），執行長就應該把先前領取的豐厚報酬全部吐出來。

管理高層必須帶頭做！

要讓「專業」扮演更重要的角色，可不是簡單的任務。不過，有個法子可以試試。

我是因為在一封寄給我的信件上發現了一個錯字，而想到這個法子的。這封信來自企業卓越中心（Center for Corporate Excellence），宣布奇異電氣榮獲他們頒發的「公司治理長期卓越」獎，信上還引述奇異總裁傑夫瑞．伊梅特（Jeffrey Immelt）談到「公司治理要角」的重要性。

顯然，這封信把**要點**，誤植為**要角**了。不過，我突然發現，這真是一個發人深省的錯誤：畢竟，不管企業訂出多少道德**要點**，如果沒有重視道德的**要角**們來帶頭遵守，再多的要點又有什麼用處呢？我們非常需要更多負責任的領導人，讓這些道德要點融入我們的企業文化之中。

我相信，我們能訂出一套標準，來規範企業及其領導人，引導他們回到傳統的專業標準上。事實上，幾乎所有上市公司都訂有道德規章，不是白紙黑字的公布，就是老愛掛在嘴邊。但我們都看到了，太多主管野心勃勃，為了達成企業營收與盈餘成長的目標，而不把這些規章當一回事。

企業的董事們嘴巴上也都說，會善盡自己的職責，代表股東、維護股東的權益。這是廢話，根本沒有幾個董事會真的把「維護、保障並捍衛企業資源與股東權益」當做最重要的事。事實上，執行長也是「員工」，必須透過董事會向「股東」負責，但卻很少有執行長是這麼想的。更甚的是，這些不可一世的執行長反而認為，股東價值全是他們創造出來的，根本不把數以百萬計——每天努力工作、為企業創造價值——員工的巨大貢獻當一回事。更糟的是，這些員工的薪水都很微薄，彷彿他們真的沒什麼貢獻。

我們看到企業大力鼓吹「平衡計分卡」（balanced scorecard），聲稱要公平對待顧客、員工、供應商、當地社區、政府和社會大眾。然而，報紙上天天登的，都是完全相反的報導。試問，企業製作的財務報表真實嗎？那些照理說應獨立超然、服膺於一般公認會計原則的稽核人員，真的超然獨立嗎？難怪我們這個時代最夯的工程，就是**金融**工程（financial engineering）。

我是不是說，今天的**要角**們比以前的更沒品？不是，未必如此。不過我認為，如今的企業對道德**要點**做了太多妥協。

以前，企業的操守標準是絕不含糊的：

這種事，我們就是不能做。

今天，我們的標準變得模糊起來：

這件事別人都在做，所以我也能做。

我們的社會不能、也不應用道德相對主義（moral relativism），來取代道德絕對主義（moral absolutism），使得企業的道德標準每下愈況。

只有資本家能殺死資本主義

所有在商場上擔任「要角」的人，都有責任為企業和同仁建立不容打折扣的專業原則，也應該維護、保障並捍衛這些原則。如果企業領袖做不到（近年來經常如此），社會上就會瀰漫不滿的情緒，社會上的弊病也會變本加厲。

對於這種情形，知名金融家菲利克斯・羅哈定（Felix Rohatyn）說得比我更好。羅哈定是拉札德投資銀行的前執行董事，很受大家愛戴。他幾年前在《華爾街日報》上說道：

我是個美國人，也是個資本家，我相信，市場資本主義（market capitalism）是有史以來最好的經濟制度。但是，市場資本主義必須很公平，必須受到規範，也必須講道德。近年來發生的事情已經證明，金融資本主義（finance capitalism）和現代科技，因為人類赤裸裸的貪婪而遭到濫用，變得毫無節制。能夠殺死資本主義的，只有資本家。我們的經濟制度已經禁不起近年來經常可見的濫用，也禁不起我們在今天看到的金融與社會上的貧富對立。[11]

今天，我們太重視商業，太不重視專業。商業標準已經凌駕專業標準，這會帶來什麼後果，我們已經在企業與金融市場中見識到了。我們不能、也不應否認，企業的首要任務是賺取利潤，但是我們應該要求企業秉持專業倫理來經營。四十年前成功主宰著社會的專業價值觀，我們的社會，需要重拾。

1 引自Howard Gardner and Lee S. Shulman, "The Professions in America Today: Crucial but Fragile," *Daedalus* 134 (3)(Summer 2005)。

2 有些經濟學家認為，當超額獎酬並不是流向那些報酬來自於創造財富的人手中，而是流向那些報酬來自於財富重分配的人手中（他們挑出了政府、法律業和金融服務業，包括券商和基金經理人在內），經濟就會蒙受損失。報酬來自於財富重分配的人和報酬來自於創造財富的人（建築商、製造商和工程師），是不同類型的人。然而，矛盾的是，今天在大學主修工程學的學生當中，人數成長最快的並不是主修傳統工程學（航空工程學、電機工程學、機械工程學等等工程學）的，而是主修「金融工程學」（financial engineering）——這些人志在當避險基金經理人或華爾街的「計量金融分析師」。

3 譯註：安隆曾是世上最大的電力、天然氣與電信公司之一，二〇〇二年因為財務造假醜聞垮台。

4 銀行家和投資銀行家也跟上這波浪潮。據報導，花旗集團從二〇〇八年年初到年中已經虧損一百七十億美元（更別說還裁掉了二萬八千人），儘管他們已經焦頭爛額、疲於奔命，但他們還是重申購買紐約大都會隊新棒球場冠名權的計畫。他們打算把這座球場命名為花旗球場（Citi Field），付出的代價是：四億美元。

5 引自Roger Lowenstein, "The Purist," *New York Times Magazine*, December 28, 2003, 44。

6 引自Adam Smith, *The Wealth of Nations*, 1776。亦可見於www.adamsmith.org/smith/won-intro.htm。

7 引自John Bogle, *The Battle for the Soul of Capitalism* (New Haven, CT: Yale University Press, 2005)。

8 執行長薪資的最新數字來自日本經濟研究所（Economic Research Institute）做的一項研究，以及《華爾街日報》和美國勞工統計局提供的數據，引自www.afcio.org/corporatewatch/paywatch/pay/index.cfm。

9 引自Benjamin Graham, *The Intelligent Investor* (orig. pub. 1949; New York: HarperCollins, 2005)。

10 譯註：指一項事業活動最低的必要報酬率。

11 引自Felix Rohatyn, "Free, Wealthy and Fair," *Wall Street Journal,* November 11, 2003, A18。

6 銷售太多，服務太少

承認基金業摧毀了我們的商業與投資價值，對我來說是格外痛苦的。這一章，談談我在一九五一年以來就加入的基金業，探討半個世紀來這一行的幾個巨變。

首先，我們依發生時間的先後，來看看這些變化如何讓基金業從過去的重視「服務」，轉變為今天「銷售」至上的現象。

其中最明顯的變化，是基金業驚人的成長。這個產業以前是侏儒，現在卻是巨人。一九五一年，基金業的資產總值是二十億美元，今天，超過十二兆。這五十多年來，基金業每年以平均一七%的驚人速度在成長，這種成長率，沒幾個行業比得上。一九五一年，股票型基金持有的美國股票，總計只占總股數一%左右；到了二〇〇八年，高達三五%。如今，基金業已經是美國最有影響力的金融機構[1]。

比較不那麼明顯的變化，則是基金業投資重心的移轉。過去，股票型基金有八〇%左右（七十五檔中有六十檔），分散投資於「可投資等級」的股票，會密切追蹤股市的變化；扣掉了當時還不算高的費用，報酬率很少落後大盤太多。今天，這種投資大型股的基金只有區區五百檔左右，遠遠少於另外三千一百檔以別的方式分散投資的基金；另外，我們還有四百檔勉強分散投資少數不同產業的基金、八百檔基金投資外國的股市的基金——其中有些廣泛地分散，有些則集中於特定國家。有的新基金類型（例如投資全球股市的基金）能讓投資人賺到錢，有的卻為投資人帶來災難。無論從哪個角度來看，選基金，現在跟選股票一樣難。

買基金的人變心了

為了因應這些變化，基金投資人的投資行為也改變了。基金投資人不再**挑**好基金，然後**長期持有**，而是**短線炒作**。

一九五一年，基金投資人持有基金的平均期間是十六年；如今，只有四年左右[2]。更糟的是，基金投資人的短線炒作，並沒有很成功，因為他們經常追逐績效好的基金，一旦基金的績效變差，他們就會趕快棄船逃生，最後所賺到的資產加權報酬（asset-weighted returns，也就是**基金投資人**實際賺到的錢），遠遠落後於基金的時間加權報酬（time-weighted returns，也就是**基金本身**定期發布的報酬率）。我在第三章說過，這中間的差距很驚人，過去二十五年來，基金的平均年報酬率是一〇%，但基金投資人的平均年報酬率卻只有七．三%，兩者差了三七%。

今天，基金經理人的操盤流程，也跟我剛進這一行時非常不一樣。一九五一年，基金「一定」是由投資委員會來管理，今天，由投資委員會來管理的基金是「異數」。這是個「投資組合經理人」的時代，絕大多數的基金（約六〇%）是由一個、或三個經理人負責操作[3]。

由投資委員會來操盤，的確無法保證能幫投資人賺到最高的報酬，不過，這個制度對投資人有利，因為基金創造的報酬，會和市場平均的報酬很接近。由單一經理人負責操盤也不能說不好，但這樣的制度（其實是場革命）會產生一個問題：基金的管理會因為經理人離職而面臨青黃不接。現在流行由明星經理人來操盤，加上基金投資人的追捧，所以經理人經常跳槽。基金經理人為一檔基金操盤的時間平均只有五年，他們會積極操作，報酬率通常會大幅背離大盤，有時，會有一段時間出現正報酬，然後就突然變成負報酬。事後我們都看到了，這些明星經理人大都是一閃而逝的彗星，通常都撐不久。

當基金的管理從集體決策走向單打獨鬥，也使得基金的投資策略產生了很大變化。一九五一年，共同基金重視的是明智的長期投資，他們持有一支股票的時間平均是六年左右；今天，那些**積極管理**的股票型基金，持有一支股票的時間只有一年。放寬一點來看，在現金加權（dollar-weighted）的情況下，一支股票的平均持有期間是一年半。不管是一年還是一年半，今天的基金都在從事愚蠢的短期投機。

這一連串的變化，使得基金所收取的費用暴增。在**未加權**的情況下，那些積極管理的股票型基金，操作費用比率（expense ratio）平均增加了一倍左右——一九五一年只有〇．七七％，到了二〇〇七年就漲到了一．五％。如果將基金資產**加權**計算，操作費用比率會從〇．六％上漲到〇．九三％，增幅雖然少多了，但暴增了五〇％還是很驚人。

換個方式說，如果我們用這個操作費用比率來換算（一九五一年的股票型基金資產總值二十億美元，到了二〇〇七年則是七兆美元），基金業所收取的費用，也從一年一千二百萬美元（效率較高），暴增到六百五十億美元（效率較差）。

對基金經理人有好處，對投資人就沒好處

不管怎麼計算，費用的漲幅都很驚人，這是拖累基金投資人報酬的主要原因。雖然，從一九五一年以來，基金業的資產一直在增加，帶來了驚人的規模經濟（economies of scale）[4]，可是，基金經理人並沒有把最大的那塊餅分給基金投資人，反而自己獨吞了。

基金經理人幾乎全都聽命於全球金融集團——這些集團把持了基金業（五十家最大的基金公司中，有三十二家隸屬於這些集團，另外有九家是由大眾持有）。他們的首要任務，是替**集團所投入的資金**賺錢，而不是替**基金投資人所託付的資金**賺錢。基金業這種轉變，也讓我們終於可以看清楚：對基金業有好處的，對基金投資人就沒好處。

以上這些變化，改變了基金業的任務。五十多年來，基金業漸漸從服務變成銷售，從**管理資產**變成**累積資產**。我們成了行銷專家，忙著推出新產品。如今，我們的座右銘顯然變成了：「只要你想買，我們就造一個給你。」

從一九五〇到六〇年代，大約有兩百四十檔股票型基金問世；從七〇到八〇年代，則有六百五十檔；但光是在一九九〇年代，就有一千六百檔股票型基金誕生[5]。新基金大都是科技、網路和通訊類基金，或是聚焦在這些領域的積極成長型基金。二〇〇〇年到二〇〇二年

的大熊市，就是這類基金搞出來的。新基金不斷地推出，結果不難想像：基金注定會有死亡的一天。一九五〇年代，基金的失敗率是一三%，但在這十年內，基金的失敗率在六〇%左右。

爲了更美好的世界

從資產的增加、投資重心的移轉、投資人徒勞無功的轉變、簡化的操盤流程、炒短線的投資策略、費用的暴增、金融集團的把持、到新基金雨後春筍般地冒出，都對基金投資人帶來嚴重的傷害。

簡言之，我們這些受託替人們管理資金（退休基金、共同基金等）的人，辜負了投資人對我們的信任。我們對於過高的中介費用視若無睹；我們裝作不知道過高的費用，會讓基金經理人根本無法為投資人提供應有的報酬；我們對於自己辜負了客戶所託，無動於衷。

我們利用每一個市場潮流，拚命推出新基金，來迎合投資大眾的口味。我們拚命為最夯的那幾檔基金打廣告，讓問題更加嚴重。當銷售取代了服務，受害的，正是我們的投資人。我們的同業公會——美國投資公司協會（Investment Company Institute，簡稱ＩＣＩ）——雖然號稱要保障投資人的權益，卻從來不管基金所發布的報酬，和基金投資人實際賺到的報酬之間龐大的差距；對於基金公司不管投資人有沒有賺錢，都可以賺走大筆報酬的現象，ICI也從來不理會。

這種例子舉不完。這兩個例子只是用來證明，基金業的訴求都是騙人的。ICI每年都會召開會員大會，在開會時一再宣稱「基金經理人的利益，和基金投資人的利益是一致的」。才怪！

在不斷改變的資本主義世界中，尤其是變幻莫測的基金業，我們必須勇於面對這些問題。這些問題很嚴重，但我卻看不到有誰在討論。只顧著創新的我們，亟需要反省。唯有反省，才能夠看清我們的現狀和未來方向，讓我們看清楚該怎麼做，才能贏回投資人的信任。

在投資圈裡，我沒看過有人出面為基金的報酬率太差，以及敗事有餘的怪結構說幾句話的；基金經理人也從來不跟投資人解釋，為什麼投資者明明是出錢的股東，卻幾乎沒行使過什麼權利；也沒有人跳出來批評，基金的投資策略怎麼可以從明智的長期投資，轉變成愚蠢的短期投機。此外，在二〇〇七年以前，幾乎沒人討論，美國公營與民營的退休基金正面臨巨額虧損。

這些問題當然不是無法解決的，但並不意味著這些問題好解決。接下來我就想來談談，這一行未來該往哪個方向走——事實上，為了這一行的自身利益，這個方向是**一定**要走的。

我有五個夢

我有一個夢。更正確地說，我有五個夢。我希望基金業能在未來幾年內改頭換面，再度像以前那樣更看重服務，而不是銷售。

第一個夢：公平對待投資人

我的第一個夢，是重新設計這個產業，制定對投資人而言更合理的費用率。我前面已經說過，雖然股票型基金的操作費用比率近年來已經趨穩，所管理的資產也增加了非常多，操作費用比率卻比五十年前高出了五〇％以上。基金業出現了龐大的規模經濟，卻沒有為投資人帶來多少好處，只是讓基金經理人撈到更多。我希望，這個趨勢能夠顛倒過來。

第二個夢：服務投資人一輩子

我的第二個夢，是重新設計這個產業，使這個產業可以服務投資人一輩子，而不是只有一季。關於這一點，從技術面來說，我們早就準備好了。比方說，我們已經可以為將近五千萬參加「多面向確定提撥制退休金計畫」（multifaceted defined-contribution plans）[6]的人管理這麼複雜的紀錄，就是項了不起的成就；我們現在可以用網路跟投資人溝通與交易，也是很好的發展。然而，我們推出了各式各樣的基金，創造了數不清的投資策略，迷惑著投資人，使得他們不斷地把錢搬來搬去，這麼做，只會對業者有利，對投資人一點好處也沒有。

很多投資人太躁進了，那些在「財星一百大」（Fortune 100）企業上班，並參加401(k)退休金計畫[7]的人，平均來說配置了三六％的資金在自家公司的股票上，這不僅會讓他們的風險更集中，也會賭上他們的工作。但我們也會看到很多比較保守的投資人，這些人會把錢放在穩定的價值基金（stable value fund）和貨幣市場基金（money market fund）上，平均來說他們會配置將近二四％的資金在這些基金上。還有，大家都知道這些參加401(k)計畫的投資人勇於追逐績效，但卻不怎麼在意。傳統上，美國的退休金計畫中，最受歡迎的是那些過去績效非常好的基金，儘管這些基金的報酬率遲早會跌回大盤的平均值，而且大多時候會比大盤差。我們提供太多產品，把投資人搞得更迷惑。我們也允許太多借貸，在今天流動率這麼高的情況下，有四五％的離職員工會把退休帳戶裡的錢領個精光。我們也是到最近才開始發展和年金連結（annuity-linked）的計畫——這計畫能讓客戶可以順利從累積資產的階段，過渡到領取資產的階段，避免沒多久就把資產花光。

最重要的是，我們必須承認，像共同基金這樣的「集資型基金」（pooled investment

funds），如今在我們的退休金體系中扮演了重要的角色，涵蓋個人、企業、聯邦政府、州政府到地方政府的退休金，而且比重一年比一年高。基金業的領袖們不應該只顧自己人的利益，應該帶頭把退休金服務制度搞好。因此，我這個「服務投資人一輩子」的夢也包括這個願景：我希望基金業的領袖表現得像個政治家，我希望他們開始推動各項提案與計畫，為社會大眾建立「健全、整合、合法且安全的退休制度」，這是基金業應盡的責任。

第三個夢：重拾長期投資策略

我的第三個夢，是我們的基金經理人能重拾傳統的長期投資策略。

誠如我在前面提過的，基金投資組合的年周轉率，如今平均將近一〇〇%，一支股票的平均持有期間只有**一年**！周轉率這麼高，到底造福了誰？基金投資人並沒有得到好處。這麼說吧，周轉率這麼高，投資人的報酬**一定會**被稀釋掉。基金業以前重視的是長期投資，現在重視的卻是短期投機，這個變化已經損害到投資人的利益了。

如果能重新回到長期持有股票的時代，還會有一個好處：我們會因此而必須正視投資人的利益，負起企業公民的責任；必須仔細檢查每家公司的財務報表，必須就股票選擇權、高級主管的薪酬和公司治理等方面的問題，向企業表達我們的意見；我們必須確保我們投資的公司，是為了股東的利益，而不是為了經理人自己的利益來經營。

今天的基金業已經變成「租股票來玩」的產業，只重視投機炒作，股票被視為幾張拿來買賣的紙而已，基金業根本不在乎公司治理得好不好。所以，我的第三個夢是：回歸本業，老老實實地當個**投資業者**。這麼做不但能給我們的客戶帶來好處，也能讓企業重新回到民主資本主義的正道上。

第四個夢：為長期投資人提供更優的服務

我的第四個夢，是重新把重心放在長期投資人身上。今天的基金業，並不是這樣運作的。基金經理人的投資眼光短淺，基金投資人也是一樣。這應該不足為奇，因為我們早就把自己變成一個迎合短期投資人需求的產業。這點，只要看看我們所瘋狂推出的基金——只為短線投機而量身打造，而不是為了終身持有的人而設計——就知道。比較基金業的過去（投資績優股）與現在，兩者的差異再明顯不過。我們滿腦子想的，是**規模大小與風格**——這比較像是時尚產業該關心的事，而不是投資業。

因此，我的第四個夢，是拋棄短進短出的投資策略。二〇〇一年，美國有六千一百二十六檔共同基金，如今，才過了短短七年而已，有將近二千八百檔已經不見了。在這種情況下，我們怎麼能夠裝作自己有負起照顧客戶長期利益的責任呢？

基金業不應該只提供狹義的**產品**，而是應該提供更廣泛、更分散投資的基金，也就是投資人能長期持有的**信託帳戶**。這是我們的立業根本。假如這樣的改變，會讓我們更重視泛市場指數型基金（這種基金也的確可以滿足上述要求），那麼，當然要正視這種基金。但就算還有別的投資策略符合這種改變，我們一定會回頭發現，指數型基金依然是最簡單的好選擇。

第五個夢：由基金投資人來主導基金治理

我的第五個夢，是由投資人來主導基金治理。只有用這個法子，我們才能符合「一九四〇年投資公司法」（美國用來管理基金業的聯邦法規）提出的要求：共同基金是「為了投資人的最佳利益來組織、經營與管理，並不是為了管理者和業者的利益」。雖然這個法案的立意很崇高，今天的基金業卻**不**是根據這個信念來經營的。事實上，今天的基金是為了管理者的利益來組織、經營與管理的。

我們能怎麼辦呢？要教育投資人曠日費時，但時間就是金錢。今天，基金業是由大型金融集團來把持，他們不會樂見自己的獲利減少，也不會把已經賺到手的錢吐出來還給客戶。因此，唯一的法子，就是讓基金的治理回到「一九四〇年投資公司法」的初衷：由投資人選出獨立的董事會，對投資人負責。

這種架構今天是存在的，只是運作的方式不同。和「一九四〇年投資公司法」的規定恰恰相反，現在手握大權的是基金的管理者。我們必須剷除「基金的董事長」和「基金管理公司的董事長」是同一個人所產生的利益衝突。（否則就會像巴菲特所說：自己和自己談判，有什麼好談的？）基於同樣的理由，我們也需要一個**完全**超越基金經理人的董事會（第一步，是要求四分之三的董事必須是獨立的，不過，在先鋒集團，外部顧問**不能**當董事，因此不會給先鋒集團的投資人帶來不利的後果）。

美國證管會已經明文規定，基金業者都必須配備一名獨立的法律顧問，和一名法規遵循長（chief compliance officer），這一點我舉雙手贊成。最起碼，大型基金集團都必須配備一名對董事會負責的人，專門為董事會提供基金費用、績效、銷售等方面的資訊，而且必須是公正客觀、不偏不倚的資訊。請注意，關鍵在於**公正客觀**與**不偏不倚**。這一定會讓人耳目一新的！

爲投資人所有，爲投資人所治，爲投資人所享

我所期待的，是一個重視服務的產業——重視投資人的利益，審慎管理別人的金錢，一

個**為投資人所有、為投資人所治、為投資人所享**的產業。

我們需要的基金業，必須兼具**願景與價值觀**——善盡受託責任，為投資人提供無微不至服務的願景，以及秉持長期投資、正直誠信的價值觀。

除了這五個步驟（就是以上五個夢）之外，我們還能做什麼？

首先，我們可以相信簡單的威力；我們可以協助投資人做出不確定但必要的判斷，幫助他們配置股票（成長潛力較高，但風險也很大）與債券（能帶來固定收入，相對來說也較穩定）；我們可以盡量分散投資，降低費用（管理費、操盤成本、行銷費用、周轉率）；我們可以承諾，給投資人公平合理的報酬。同樣的，如果指數型基金就是實現上述目標的最好辦法，那就去買吧。

除了成立什麼產品都賣的基金公司，我們也要有**堅持某種理想的基金公司**。這件事我做了五十幾年，我可以告訴你，這是項很艱巨、麻煩且沒有止境的任務。我的目標是建立一家重視**服務**、善盡受託責任的公司。不過，我必須這麼說，定這個目標，我並不是沒有私心的，因為，只有把信任我們、把錢交給我們打理的客戶照顧好，我們才能站穩腳步，生意也才能蒸蒸日上。

所有基金公司都必須找出自己的特色，但我希望他們可以更重視服務，因為這麼做絕對物超所值。在基金業中，我們一向用管理多少金錢、現金流量、市場占有率和新開戶人數等數字，來界定自己有多成功。然而，真正的成功，是無法用這些數字來衡量的。相反的，成功是用服務品質來衡量，是用「不管金融市場帶給我們多豐厚的報酬，我們都會分給投資人公平合理的報酬」來衡量，也是以公司的品格和價值觀來衡量——不要只看我們怎麼說，也要看我們怎麼做！

最重要的是，我們的成功，取決於是否有好的理念（因為有這些好的理念，客戶們才會把辛苦賺來的錢交給我們打理），以及每天努力用這個理念賺錢。基金業——更別說金融業——已經很重視行銷（也許該說：重視過頭了），服務（也就是我們還必須努力的事情），才是開啟未來的鑰匙。

---

1 共同基金的統計資料引自威森伯格（Wiesenberger）投資服務公司的《投資公司年鑑》（*Investment Company Yearbook*），美國投資公司協會（Investment Company Institute），以及研究機構晨星（Morningstar）公司和策

略洞察（Strategic Insight）公司。

2 資料引自紐約證券交易所（New York Stock Exchange）與晨星公司。

3 這個制度有一個改進辦法，有些大型基金的經理人會雇用幾個「投資組合顧問」（portfolio counselor）團隊，每個團隊負責掌管很小一部分的基金資產。不過，為了創造更多報酬，這些團隊到底能不能無限量地增加下去，還有待觀察。

4 譯註：指擴大生產規模引起經濟效益增加的現象。規模經濟反映的是生產要素的集中程度和經濟效益之間的關係。

5 基金成立方面的統計資料引自作者的計算與晨星公司。

6 譯註：確定提撥制是指雇主或員工依退休辦法每年（月）提撥一定數額的退休基金，交付信託人保管運用，於員工退休時將員工與雇主共同提撥的資金和運用孳息給付給退休的員工。

7 譯註：這種個人退休帳戶是美國政府於一九八一年創立的，它是一種遞延課稅的退休金帳戶，並將相關規定訂定於美國「國稅條例」第401條k款中，故簡稱為401(k)計畫。

7 管理太多，領導太少

有人說，我們的大企業都管理過度，卻領導不足。

說得太好了。不只是企業，我們的金融機構也是如此。每一個團體、組織、國家，當然都需要有好的經理人和領導者，這兩種角色很重要，但卻是不一樣的，而同樣重要的，是認清這兩種角色之間的差別。聽聽管理大師華倫・班尼斯（Warren Bennis）是怎麼說的：

管理與領導完全不同，但兩者都很重要。管理意味執行、完成、掌管、負責與處理。領導則是影響他人，帶領他人的方向、路線、行動與意見。管理與領導的差別，昭然可見。

班尼斯列出了管理與領導幾個不同點：

- 經理人重行政；領導人重創新。
- 經理人是複製；領導人是原創。
- 經理人以體制與架構為本；領導人以人為本。
- 經理人仰賴控制；領導人能讓人信任。
- 經理人看得較短；領導人看得較長。
- 經理人關心盈虧；領導人重視願景。
- 經理人模仿；領導人發明創造。
- 經理人接受現狀；領導人挑戰現狀。

班尼斯教授列舉到最後，結論是：「經理人把事情做對；領導人做對的事情。」[1]

班尼斯博士舉的幾點都很正確，不過，我認為，他這樣二分有點問題。比方說，哪有領導人不重視盈虧？哪有經理人無法令人信任、永遠只看短線？因此，我的看法是這兩種能力都很重要，都是企業十分需要的。

一家企業想要達到最佳狀態，那麼，整家企業——從董事會到收發員——都要有服務精神，遵守嚴格的專業標準、彼此互相信任。這些特質必須融入企業中，而不是掛在嘴上。必然的，這些特質得由領導人帶頭——而且是不只會算計，也更重視企業價值觀的領導人。

當然，為了運作得更有效率，企業也需要有經驗、積極投入的經理人，而這些經理人也一定要遵守企業的價值觀。領導人和經理人都必須注意，不能把和他們一起工作的人（不管職位高低），視為可以任意擺布的棋子；這群人是活生生的人，所需要的和關心的，都和我們一樣。

企業需要堅毅果敢的領導人來塑造品格，決定未來的方向與策略。缺乏這樣的領導人，就算有最好的經理人，企業還是會走錯方向。

優秀的領導與管理有什麼特徵？對於這個問題，我有很強烈的主張。我在企業界打滾六十年，其中有四十年是當領導人。有九年的時間，我擔任威靈頓管理公司的執行長，有二十二年的時間，擔任先鋒集團的執行長。我主持先鋒集團旗下的「伯格金融市場研究中心」（Bogle Financial Markets Research Center），至今也有九年了，這個中心是很小的組織，只有四名成員：三名組員加上我。因此，我的看法都是來自親身經驗，第一手、且得來不易的經驗。

從我還在公司的時候一直到現在，特別讓我引以為傲的，是同事們非凡的成就。他們非常投入，努力奉獻，為先鋒集團打下了輝煌的江山，印證了一九七二年霍華・強生（Howard W. Johnson，當時擔任麻省理工學院董事長）演講時說的一段話：

組織，是必須被關懷與被培養的。就算組織犯了錯、誤入歧途，我們也一定要繼續關心組織。每一個在組織內工作的人，每一個擁有組織的人，每一個享受組織所提供的服務的人，每一個治理組織的人，都必須承擔這個重任。每一個有責任感的人都一定要關心，要很認真地關心，影響著他們生活的組織。

你的公司，是否符合這十個條件

我想傳達的重點，就是「關懷」。以下是建立一個好組織的十法則，我想傳達的訊息，就藏在這十條適用於領導人與經理人的法則裡。

第一條法則：關心組織的靈魂

我第一次跟先鋒集團的組員們談到「關懷」，是在一九八九年。我當時是這麼說的：「關懷是互相的，包括：（一）最上層的和最下層互相尊重：每一個人做的工作都值得尊敬，所以每一個人都值得別人以禮相待，每一個人都值得別人以坦率、親切與尊敬的態度來對待。（二）提供職涯發展、參與創新的機會：先鋒集團是一家企業，需要很多人來做例行、但卻很重要的工作。可是，如果我們想讓先鋒集團運作得更有效率，那麼，不管你們是做什麼工作，一定都要用熱情來做。畢竟，你們是站在第一線的，你們比其他人更清楚問題出在哪裡，也更清楚問題應該如何解決。」

另外還有：提供良好的工作環境、提供合適的溝通計畫、提供合理的薪酬。以前，我只懂得這些常識，二十多年後的今天，這每一條仍舊適用。在這個越來越冷漠的世界裡，我和霍華．強生一樣，相信成功是取決於每一個與組織有關的人都認真地關心組織。

第二條法則：把「員工」兩個字丟掉

先鋒集團一九七四年剛創立時，我想要塑造這家新公司的精神。我用的辦法是：不使用「**員工**」這個無法讓人聯想到團隊合作的詞，而是用「**組員**」（crew member，水手、船員）

來代替。

「組員」是航海用語，我之所以用這個詞，也是為了向我們的守護神納爾遜上將致意。先鋒，就是以他指揮的戰艦來命名的。

「**員工**」這個詞，在我看來，是那些每天早上九點上班，一到五點就下班，只做交代他們做的工作，永遠悶不吭聲，還要付他們薪水，週末一定放假休息的人。「**組員**」雖然有點……怪，卻可以讓我聯想到積極，奮發，忠誠，關心別人的人；組員是團隊中的一員，他們願意為了一段不虛此行的航程，團結合作，他們的感情很好，缺一不可。

我想領導的，就是這種感情很好、會互相扶持的組員。

第三條法則：設定高標準和價值觀，並嚴格遵守

一九八〇年，在一場先鋒集團第一次規模達到三十億美元的慶祝會上，我要求我的組員們，必須「做事，要培養技能；創造，要用想像力；生產，要有誠信；設定目標，要具備良好的判斷力；遇到危難，要有勇氣；面對困境，要有幽默感；有所成就時，要懂得謙卑」。今天，我照樣會提同樣的要求。

至於價值觀，打從先鋒集團一成立，我就決定，先鋒集團一定要「以人為本」。這麼多

年來，我經常說，我們一定要好好地對待我們的服務對象（千萬別忘了，還有跟我們的服務對象**在一起**的人），我們一定要把這些人當做「真誠樸實的人，他們有他們的希望和恐懼，也有他們的財務目標」。這意味著，我們一定要竭盡所能地為客戶服務，要審慎管理客戶交給我們管理的資產，我們希望別人怎麼管理我們的資產，我們就要怎麼管理別人的資產，要以童叟不欺、誠信坦率的態度來對待客戶，而且，一定要有同理心[2]。

我在執掌先鋒集團期間，不曾把這些標準和價值觀寫在工作手冊上。相反地，我只在工作手冊上寫了一條規定，這條規定很簡單，但卻涵蓋了一切：「做對的事情。如果你不確定你做的事情對不對，那就去問你老闆。」

我為什麼這麼寫？因為，我已經說過好幾千遍了：「有好道德，才會有好生意。」這是什麼新潮的想法嗎？當然不是！古希臘盲眼詩人荷馬（Homer）在長篇史詩《奧德賽》（*Odyssey*）中告訴我們：

> 聽進這句良言，並且告訴更多人：
> 公平地交易，終將帶來更多利潤。

那些探討企業管理與公司策略的書和文章，我看太多了，但是，我從來沒有看過哪篇文章或哪本書，把領導的重心放在「**人**」。但是，每當我想到客戶和組員，都會讓我覺得，「人」正是先鋒集團成功的關鍵。

第四條法則：反覆重申價值觀

建立強大的團隊，需要好的領袖。如果說，好領袖一定要正派（這點我毫不懷疑），那麼我們可以把「領袖」定義為：**倡議與帶領大家「有原則地」執行某項計畫的人**。從執行長、高級主管、專案負責人到只負責最陽春任務的人，不管是哪個階層的領袖，都需要激勵別人、說服別人，也都需要為了某個值得努力的目標，和別人並肩合作。

想要建立偉大的組織，也必須用最理想的語言——能夠傳達目標、熱情和願景的語言，來交換最好的意見和傳達最崇高的理想。讓我們用鼓舞人心的語言，來建立能夠永續經營的組織——一個領導人、經理人，與做例行工作的人都會感到自豪的組織。

第五條法則：動手，不要光是動口

不管是經理人或領導人，最糟糕的莫過於光說不練。因此，不管你**宣揚**的是什麼理念，一定要去**實踐**。道理很簡單：如果你希望人家信任你，那你就要值得信任。如果你要大家努力工作，那你也要努力工作。如果你希望同事跟你說實話，那你也要跟他們說實話。這應該不是很難懂吧？

還有一件事情也很重要。你必須經常在公司裡走動，經常到各部門、各單位或各小組去走走。「能見度」（personal visibility），是領袖必須具備的一個很重要的元素，如果你一直黏在辦公桌，就不可能有什麼能見度。

如果你是執行長（也就是俗稱「穿西裝的」），不要整天待在會議室裡，跟一大群同樣是穿西裝的人開會，多出去走走，多去看看那些做真正的工作的人——收發室的小弟、警衛、程式設計師、會計、基金經理人等等。去看看每一個為你工作的人。

第六條法則：不要過度管理

我在前面已經說過，不管是在人生或工作上，最重要的事情，往往都是無法算計的。有句老掉牙的話是這麼說的：「如果你會算，你就會管理。」這句話，讓我們無法建立偉大的組織，也讓我們無法認識真實的經濟世界。推動這個世界運轉的，是品格，不是數字。對於賦予我們人生與事業意義的美德，要從何計算呢？我們要怎麼計算仁慈、親切和誠信呢？我們應該給熱情、奉獻和信任定多少價值呢？愉快、歌唱和少許的自豪，能為我們的人生增添多少價值呢？還有，你打算給友誼、合作、貢獻和靈性定多少價值呢？如果你知道怎麼算，請你告訴我。

總之，那些不把同仁貢獻的無形特質當一回事的公司，**永遠不可能**建立強大的團隊，也**永遠不可能**建立偉大的組織。

凱因斯說得好：「企業是建立在精確計算未來的利益之上——這種說法是不對的……〔我們需要〕**野獸精神**，也就是自動自發、想要行動的衝動。如果野獸精神不再，樂觀的天性受挫，我們就只能仰賴數學期望（mathematical expectation），而企業就會衰退，甚至倒閉。」[3]企業的確會落到這種下場的，所以我們一定要把野獸精神注入組織裡，注入我們體內。

第七條法則：表彰每個人的功績

先鋒集團成立之初，我們就率先制定了「員工表彰方案」（employee recognition program）[4]。就我記憶所及，這項計畫始於一九八〇年左右，一直到今天都還在進行，內容也沒變。

每一季，我都會當著一群組員的面，親自頒發「先鋒卓越獎」給一名組員。這個獎是先由組員們提名自己的同事，再由高層主管開會審核，最後選出得獎人，頒給最有團隊精神、最能跟同事合作、最努力服務客戶與同事、最有上進心以及最有才幹的人。我們每一季都會頒發六到十座獎，給得獎人一千美元的支票，還會幫他捐五百美元給他最喜歡的慈善機構。我們還會送得獎人一塊小飾板，飾板上刻著：「**即使是一己之力，也能帶來改變。**」直到今天，我們仍在頒發「先鋒卓越獎」。

頒這個獎，不是為了給得獎人發筆小財，而是為了表揚得獎人，並且強化一個信念：我們十分重視每一個人對組織的貢獻。雖然我已經卸下先鋒集團執行長的職務，但我還是會找每一位得獎人來我辦公室坐一坐，和他們聊一個鐘頭左右，彼此認識認識。我會聽他們說，也會說給他們聽；我會指導他們，也會向他們學習。我還會送每一位得獎人一本我寫的書，我會在書上簽名，還會在書中夾上一張紀念他們這次得獎的藏書票。這些得獎人的力量也許很渺小，但他們卻能感動全公司上下，我相信，他們一定能夠幫我的忙，協助我保存我想留給這家公司的精神財富。

第八條法則：忠誠是條雙向道

很少有經理人不需要部屬的效忠，但很多人只會要求部屬向他們效忠，自己卻從不效忠部屬。

領袖一定要效忠部屬才行。我曾經在一九八八年跟組員們說，「要求一般上班族向公司效忠，而公司卻不曾對這些人做出相同的承諾，是壓根兒**不對的**。絕大多數企業居然得花這麼長的時間才明白，真是不可思議。」

光說不練，沒有任何意義。因此當先鋒集團在一九八〇年代初站穩腳跟後，我們就展開行動，對組員展現我們的忠誠，也就是：啟動「先鋒合夥人計畫」（Vanguard Partnership Plan）。有了這個計畫，每一個組員進來公司以後，就可以開始分享我們幫投資人賺到的報酬。每一個組員都可以分享公司賺到的盈餘，而且不用多出一毛錢。就我所知，採取這種做法的，只有我們公司一家。

我們公司的盈餘，是從以下幾個方面產生的：（一）低成本的優勢（也就是說，我們基金的操作費率，比主要的競爭對手低）；（二）績效遠遠超過競爭對手；（三）資產規模很龐大。

因此，隨著我們的成本越來越低，隨著我們的基金報酬越來越好，隨著我們的資產越來越多，我們的盈餘也跟著增加，而且是大幅增加！每一名組員都持有不等的合夥單位，合夥單位的數目會隨著年資與升官而增加。每年六月，先鋒集團的組員都會收到一張支票，那張支票的金額通常都有他們年薪的三〇%。公司的盈餘，分享給公司每一個人！

第九條法則：領導和管理要看長期

領導企業是一項嚴肅、困難、問題很多、要求很高的任務。激烈的競爭使得經理人和團隊成員經常忙得團團轉；在波動起伏的產業與總體經濟中，領導人為了達成目標，也往往必須做出令人痛苦的決策和取捨。

不過，領導企業也是一件很令人振奮、挑戰性很高、報酬也很豐厚的事。我認為，領導的關鍵在於：不管做什麼事情，都要看長期的機會，盡量不要看短期的困難。我經常提醒我們的組員：「一旦你想好，你是要做短期的，還是做長久的，那麼，你就能很快做出決定，而且，你做的決定大都是正確的。」

不妨這樣想：人們對企業的看法，大都是來自腦海中的印象、媒體上膚淺的標題，以及企業偶爾出現的大動作，而這一切，都會讓我們忽略了真正重要的部分。相反的，為了滿足消費者的需求，以合理的價格提供好產品與好服務的能力，才是企業**永恆的真相**。沒錯，每當碰到景氣不好或大環境惡劣，客戶對企業的印象也許會改變，但長期而言，無論是企業的股價以及企業給人們的印象，都會反映這家企業**實際的那一面**。

因此，我們一定要把團隊當做一項「長期資產」來管理，領導人和經理人也一定要具備看長期的眼光。我可以教你們幾招：假如景氣衰退是一時的，千萬別裁員；敘薪的時候，要注意自己是否過於小器；不要因為短期的預算受限，就砍同仁的福利；不要（**千萬不要！**）武斷地規定一定比率的公司成員，必須被評為「不合格」。如果你看的是長期，你就能創造對的環境，而且也能建立偉大的組織。想要永續經營，企業一定要打好**品格**這個根基。

第十條法則：不管有多困難，奮力前進

假如能用一句話，來形容優秀的領導人或經理人，我認為這句話就是：「不管有多困難，奮力前進。」

從我有記憶以來，這句話就是我家人的座右銘。不管情況有多惡劣，我都是靠這句話撐過去的[5]。這個座右銘出自我舅舅的一艘捕蝦船，船名為「奮力前進」號。我舅舅名叫克里夫頓．阿姆斯壯．希普金斯（Clifton Armstrong Hipkins），他是一名投資銀行家，在他的捕蝦船的船橋上，框著美國第三十任總統凱文．柯立芝（President Calvin Coolidge）說的一段話：

世界上沒有任何事情可以取代毅力。才能不可以，懷才不遇的人隨處可見；天才不可以，一事無成的天才人盡皆知；教育不可以，受過教育的廢物到處都是。只要有毅力和決心，什麼問題都能解決。「奮力前進」這句口號，已經解決人類很多問題，未來也將如此。

不過，我必須提醒你們，很多領導人天生就知道，如果外面是狂風暴雨，如果事情的進展很不順利，那我們一定要奮力前進。然而，沒幾個領導人知道，如果外面是陽光普照，如果事情的進展很順利，我們也同樣要奮力前進。我想提醒領導人和經理人，不管是好日子或壞日子，早晚都會過去，最好的做法是：不管情況好壞，都要奮力前進。

和別的偉大觀念一樣，「奮力前進」這個觀念一點也不新。聖保羅（St. Paul）早就勸他的徒眾照他做的去做，還力勸他們「向著標竿直跑」[6]。

優異的公司，要有嶄新的思考

如果一家公司的領導人和經理人，都能學習這些法則，實踐這些法則，而且堅信不疑、始終如一地去做，那麼，任何公司都能建立羅伯．格林里夫（Robert Greenleaf）所說的「最優異的公司」（the superior company）。

羅伯．格林里夫發明了「僕人式領導」的觀念。他是這麼形容「最優異的公司」的：

我們用來區分最優異的公司及其競爭對手的標準，並非一般的標準。一般的標準是：是否擁有更進步的科技、是否擁有更精確的市場分析、是否擁有更穩健的財務基礎等等。我們用來區分最優異的公司及其競爭對手的標準是：是否能用不符常規的方式來思考公司的夢想——這家公司想要成為什麼樣的公司？這家公司的優先順序應該如何安排？這家公司應該如何組織，才能提供更好的服務？

這麼做需要靠激進的哲學與自我形象來支撐。「是否能用不符常規的方式來思考公司的夢想」（通常）始於自由奔放的願景。為什麼自由奔放的願景如此難得？因為自由奔放的願景很難實現。

然而，說自由奔放的願景很難實現，只對了一半。另一半是，那些能夠總結願景的人，還有那些能夠清楚表達願景、能夠說服別人的人，沒有幾個有那個衝動或勇氣去試試看。

不過，那些有如先知般，表達能力很強的僕人式領導人，一定有其容身之處，而他們也會創造自由奔放的願景。有了這些願景，我們才能建立一個關懷人、服務人的社會。[7]

先鋒集團是否符合「最優異的公司」的條件，就留給比我睿智（而且比我客觀）的人去判斷吧。我當然希望，先鋒集團是一家「最優異的公司」，果真如此，那我必須說，這得歸功於我們對於自己想要成為什麼樣的公司、有哪些首要任務、該如何為客戶提供更好的服務等這類問題，有著嶄新的思考。

找對價值利潤鏈，效果驚人

到了今天，我已經可以確信，所有企業——不管是基金公司、金融業、製造業或服務業，都能向先鋒集團看齊。很高興，不止我一個人這麼想。

由哈佛商學院三位教授合著的《價值利潤鏈》（*The Value Profit Chain*）說：有兩家公司「成就非凡……這些成就源自於**成立之初**就採用『價值利潤鏈』的概念……〔而且〕他們在各自的產業中，都已位居龍頭的地位」，而先鋒集團，就是僅有的兩家公司之一（另一家是沃爾瑪〔Wal-Mart〕）。

三位作者說的「價值利潤鏈」，包括了一系列「彼此相關的現象：顧客的忠誠度很高（因為能提供比競爭對手更高水準的價值）、價值高（因為員工的滿意度高，很願意做事，很忠誠，生產力也很高）、員工滿意度高（因為公司採取公正的管理，提供員工職涯發展機會，訓練員工為顧客提供更好的服務）……當組織具備了『價值利潤鏈』的要素，就能創下驚人的成就。」[8]當一家公司把這些事情做對——就像先鋒集團——效果是十分驚人的。

要有膽識與使命感

我們的競爭對手——包括最成功的競爭對手在內——對於我們為什麼會成為最大的基金公司之一，對於我們擁有最受人愛戴的領導人，對於我們擁有獨一無二的結構，對於我們努力把費用降到最低（他們根本不這麼做），對於我們擁有傳教士的熱情、反其道而行與投入，都抱持著好奇與懷疑。

我們的確勇於特立獨行。我們是一家看重信任、服務與專業精神的公司，而且，似乎經營得還不錯。最重要的是，我已經花了畢生心血，來建立一家能夠永續經營的企業，這家企業起碼可以維持一百年。先鋒集團還沒那麼老，威靈頓基金公司這一年才慶祝八十大壽。我敢說，威靈頓基金公司的創辦人瓦特・摩根（他也是我的師父），會在天上含笑接受我的祝賀。我們創下這麼輝煌的成就，他一定會滿意的！

超過一百年的企業寥寥無幾。看看過去五十年「財星五百大」企業（美國最大的五百家企業的年度名單）的變化：從一九五五年首次發布財星五百大企業以來，這份名單總共出現過二千家企業，大多數已經走入歷史了。最初的五百大企業當中，只有七十一家到今天還在名單上。

這麼高的變動率，顯然就是熊彼得所說的：「創造性破壞的永恆風暴」（熊彼得是第一個發現，創業精神是拉動經濟成長的重要力量的經濟學家）。置身於「創造性破壞的永恆風暴」中既有的公司，如果沒有為變革的到來做好充分準備，就會被新公司取代。取代它們的，是由新觀念、新科技或高瞻遠矚的創業家來帶領的公司。

不過，如果一家公司有膽識和使命感，來建立我所說的那種企業文化，那麼，這家公司沒有理由不能對抗始終存在的創造性破壞。《從A到A^+》（*Good to Great*）的作者吉姆・柯林斯（Jim Collins）認為：「當你用價值觀和賺錢以外的目的來建立一家機構，當你建立了一個『在帶來卓越成就的同時，也能做出貢獻』的企業文化，你為什麼還要向平庸的力量屈服？你為什麼還要被枝微末節打倒？還有，既然你能夠創造某個不僅能夠延續、而且是值得延續下去的事，你為什麼要放棄這個想法？……沒有哪條自然律規定，偉大的機構一定得失敗——起碼，在我們有生之年都是如此。」9

我不僅希望先鋒集團能夠經營下去，我也希望先鋒集團值得經營下去。我也希望其他值得延續下去的企業，能挺身對抗「創造性破壞的永恆風暴」，然後延續下去。當然，為了延續下去，那些活下來而且經營得很成功的組織，一定要具備價值觀和賺錢以外的目的，一定要擁有優秀的、會把願景與品格注入公司的領導人和經理人，一定要擁有優秀的、不僅會用腦，也會用心來面對挑戰的同仁。

想要避免過度管理，一個好的經理人一定要把事情做對，因為只有優良的管理，才能有效地執行政策與實務，也才能建立最優異的公司。但另一方面，我們也需要真誠的領導人致力於做對的事情——建立關懷的人文原則、制定行動方針、創造部屬願意追隨的願景。遺憾的是，這樣的領導人，實在太少了。

1 引自Warren Bennis and Joan Goldsmith, *Learning to Lead* (New York: Perseus, 1997)。

2 我經常注意到，雖然每一百個企業領導人就有　百個說誠信是領導的主要特質，可是，真正實踐誠信的可不到一百個。

3 引自凱因斯的《就業、利息和貨幣的一般理論》。

譯註：數學期望，又稱期望或均值，是隨機變量按概率的加權平均，表徵其概率分布的中心位置。

4 譯註：針對員工的良好表現，主管透過各種方式，例如：口頭獎勵、公開表揚、物質獎勵等等，來予以肯定。

5 我在普林斯頓大學念大二時因為成績不佳，獎學金可能會被取消，可是，如果沒有獎學金的話，我就念不下去了。我修的第一門課是經濟學，所以我只好拚命啃保羅．薩謬爾遜所著的《經濟學緒論》（一開始根本看不懂）。經濟學後來成為我的主修，我以優等成績畢業。

6 譯註：聖保羅，耶穌門徒之一。此句引自《聖經》「腓立比書」三章十四節。

7 引自Robert Greenleaf, *Servant Leadership: A Journey into the Nature of Legitimate Power and Greatness* (Mahwah, NJ: Paulist Press, 1991)。

8 引自James L. Heskett, W. Earl Sasser, and Leonard A. Schlesinger, *The Value Profit Chain: Treat Employees Like Customers and Customers Like Employees* (New York: Free Press, 2002)。

9 引自Jim Collins, "The Secret of Enduring Greatness," *Fortune*, May 5, 2008。

人生

8 物欲太多，奉獻太少

就我記憶所及，我之所以有今天的成就，多虧了很多偉大的真理。有時候，我是從大家都能想像到的來源，例如研讀古希臘哲學家的哲學思想、《聖經》（我尤為喜愛「欽定版」[1]）、莎士比亞的劇作，領悟這些真理；但很多時候，這些真理卻會出自你我想像不到之處。

有一次，是發生在十年前，我當時正在費城郊區的電影院觀賞一部賣座電影。那部電影叫《法網邊緣》（*A Civil Action*），是根據知名小說家強納森・哈爾（Jonathan Harr）的小說改編的。電影是講麻州一個小鎮發生了致命的水源污染，受害居民決定打官司的故事。男主角由約翰・屈伏塔（John Travolta）飾演一名很有野心的律師，專長是人身傷害官司。

男主角起初打的算盤是：幫受害家庭爭取數百萬美元的賠償金，一方面搏取好名聲，順便也大撈一筆。沒想到，隨著官司往下發展，他越來越同情受害家庭。他自掏腰包拿出很多錢，來調查水源污染會造成什麼影響，搞得他和他那間小事務所負債累累；接著，為了追求公平與正義，堅持原則的他也陷入破產的威脅。最後，他真的破產了，電影最後一幕，是他站在破產法庭裡。

破產法庭的法官簡直不敢相信，眼前這位成功、且一度很有錢的律師，居然只剩下戶頭裡的十四美元和一部手提收音機。不可置信的法官於是問道：「那些用來衡量人生是否成功的東西，都到哪兒去了？」

我聽了差點從椅子上跳起來。問得太好了：**那些用來衡量人生是否成功的東西，都到哪兒去了？**

他已經一無所有，為了一件害死很多孩子、讓很多家庭為之心碎的案件挺身而出。他不惜賭上自己的事業，最後失去了一切。我們是應該用他**擁有的東西**來衡量他，還是應該用他**是什麼樣的人**來衡量他？

這部電影用這種方式談人生的價值，完全不是好萊塢的風格。但這是個好問題：我們是用什麼東西，來衡量人生是否成功？雖然我還在尋找這個問題的終極答案，但我很確定的是：絕對不能用積攢了多少物質，來衡量我們的人生。

在一個像我們這麼富有、物質這麼豐富的國家，有很多事物是無法衡量的，可是，我們卻很容易掉入這個陷阱裡。兩千五百年前，古希臘詭辯學派哲學家普羅塔哥拉斯（Protagoras）就告訴我們，「**人**是萬物的尺度」（man is the measure of all things）。今天，我想這個社會已經變成了「**物**是人類的尺度」（things are the measure of the man）了。

美國有一句老掉牙的諺語是這麼說的：「誰在死時留下最多玩具，誰就是贏家。」這樣的想法當然是很荒謬、膚淺的，最後也會自食惡果。

這個世界的資源很有限，很多人卻只想把有限的資源用在微不足道、轉瞬即逝的東西上。全世界有數十億的人們迫切需要扶持、需要救援、需要保護、需要同情、需要教育，也需要機會——這些無形事物的價值遠勝過太多有形事物的價值；說到底，很多有形的事物根本就是不重要的。我最喜歡的一首聖詩是〈求賜智勇歌〉（God of Grace and God of Glory），這首聖詩說得很好：「治我強橫好鬥頑痼，屈我傲骨受主束；使我感到自私羞惡，物質雖豐靈貧苦。」

而好萊塢竟然拍了部探討「我們該用什麼來衡量人生？」的電影，真讓人跌破眼鏡。更令人驚訝的是，這部電影居然會被一名生意人，而且還是個投資界——這貪婪的產業——的生意人所引用。但我很清楚，人生的道路崎嶇不平，人無千日好，不是失去財富，就是失去健康，或是家庭發生變故，所以我們一定要做好準備。

已經七十九歲的我，活得夠久了，久到我終於明白，《聖經》「傳道書」提出的警告是很有智慧的。「快跑的未必能贏，力戰的未必得勝[2]，智慧的未必得糧食，明哲的未必得資財，靈巧的未必得喜悅，所臨到眾人的，是因為『時間』與『機會』。」換句話說，時間和機會能給你東西，但也會從你身上拿走。但儘管**你所擁有的東西**來去無常，**你是什麼樣的人**——也就是你的人品——卻會永遠跟著你。

一種神奇的力量

如果事物的本質是轉瞬即逝的，畢竟，「生不帶來，死不帶去」，那什麼東西才是真正重要的？我們應該用什麼特質來衡量人生？德國十九世紀大哲歌德（Goethe）提出一個特質：膽識。

> 你是認真的嗎？一定要把握當下；

> 不管你能做什麼，或者夢想你能做什麼，開始去做吧；
> 大膽的行動本身，就具備天分、能力和神奇的力量。[3]

歌德這番話十分激勵人心，蘇格蘭作家莫瑞（W. H. Murray）深受啟發，他決定重新闡述歌德的話：

> 一個人開始行動之前，都會猶豫不決，他可能會打退堂鼓，也可能不會去做。所有積極的、有創造性的行動，都存在一個最基本的真理，如果無視於這個真理，無數的好點子、好計畫都會被扼殺掉。我說的真理就是：一旦一個人開始行動，天命也會跟著運行。
>
> 一旦一個人開始行動，一連串的事件就會開始運作，他也會碰到各式各樣出乎意料之外的事件、遭遇和物質援助，沒人想得到的事情都會發生在他身上。不管你能做什麼，不管你夢想你能做什麼，開始去做吧；大膽的行動本身，就具備天分、能力和神奇的力量。現在就開始去做吧。[4]

所以說，膽識加上奉獻，就能召喚出**天命**。莫瑞說得一點也沒錯，我就是活生生的例子。每當我勇敢地做某件事情，天命就會降臨。比方說，很久很久以前，就在我尋找畢業論文的題目時，天命就突然降臨，讓我看到《財星》雜誌上那篇談共同基金業的文章。再比方說，當威靈頓管理公司的合夥人叫我捲鋪蓋走路，逼得我不得不絕地大反攻，也是一次天命降臨（沒錯，這的確是天命），我因此創辦了先鋒集團。

此外，就在我的心臟快要報銷之際，天命降臨，讓我得到一顆新心臟；還有，包括我決定充分發揮撿來的新生命，以及我在書中提到的、關於「鑽石田」的許多例子，都是一次次的天命降臨，印證著世上有無數「鑽石田」正等著我們去挖掘；不過，我們必須先有所奉獻，才能實現鑽石的價值。

同樣地，我在執掌先鋒集團期間所採取的大膽行動，也都得到天分、能力和神奇力量——不是來自我自己，而是組員們——的協助，造就出許多的好點子，例如：找到一種讓客戶自己找上門的方法、大幅降低費用、長期投資、就算周遭的人都在抄近路仍堅持下去。

說到抄近路，我天生就討厭這麼做。我擔任過《費城晚報》的記者，當時發生過一次慘痛的經驗，讓我更加排斥抄近路。

一九五〇年，我那年的暑假打工是採訪警察巡邏區的新聞。有一天，我接到新聞部的電話，叫我去採訪民宅失火的新聞。我被派駐在一個消防站，那時很窮，沒錢買車，得轉兩趟電車才能抵達失火地點。當時已經是三更半夜了，我累得要命，加上自己覺得那條新聞很無聊，於是決定不去採訪，等消防隊員回來後，再向他們打聽詳細情形就好。

但是，改我稿件的人發現我的報導不夠詳細，也察覺到我可能有投機取巧，於是出其不意地問了我一個很簡單的問題：「伯格，那棟房子是什麼顏色的？」

我為我的行為感到慚愧，也很怕會丟了飯碗，我說：「我馬上過去看。」我真的去了，也獲得一個很寶貴的人生教訓——我必須對那位改稿員敬個禮。從此以後，我對輕鬆好走的捷徑敬謝不敏。**既然要做一件事，就徹底把這件事給做好吧**。

人生，該如何衡量呢？膽識與奉獻，是真正重要的特質之一，具備這樣的特質，天命也會跟著降臨。它們所帶來的影響，遠不只是賺錢過活而已，畢竟生命中，不光是只有麵包這回事。

奉獻，就會有好事降臨

人生要幸福圓滿，我們也需要在其他方面奉獻。

首先，是家庭。我們在奉獻之前，也許會猶豫，然而一旦決定了對家庭無悔地奉獻，你就會發現很多好事降臨。就我來說，從決定對家庭奉獻之後，我就擁有一樁至今仍然幸福美滿的婚姻，我和伊芙結褵有五十多年了，也擁有乖巧孝順的子女，還有天真可愛的孫子、孫女。或許有一天，我還抱得到我的曾孫子、曾孫女。

其次，我們也要對我們的鄰居與社區奉獻。在這個越來越獨善其身的時代，一起蓋穀倉、縫棉被、修籬笆的社區精神（community spirit）顯得落伍了。但是今天，團結合作、患難與共的精神反而比過去更重要，尤其對美國而言。美國有很多大城市，「朱門酒肉臭、路有凍死骨」的情況非常嚴重，導致社區精神越來越式微。然而，社區精神卻是文明的核心，要有這種精神，才能讓人安居樂業。

在培育更高的價值觀方面，宗教扮演的角色相當重要。我說的不只是我所信奉的猶太基督教價值觀（Judeo-Christian values）[5]，而是泛指所有宣揚世上有至高無上的神、「黃金律」、與十誡相仿的操守標準的宗教。人類和家庭的福氣，靠的並不是碰到哪個宗教就信哪個，而是相信世上有個力量比我們人類更超脫、更偉大。

你是否負起應負的責任？

我這一生見過很多事業有成、出類拔萃的人，當中有很多人沾沾自喜地告訴我，他們擁有的一切都是自己打拚出來的。

可是，我不認為有哪個人的成功全是他自己單槍匹馬闖出來的。我們都是在家庭的撫養與關愛下長大的，朋友同事給我們打氣支持，老師諄諄教導，人生導師給我們鼓勵與指導。更別說還有天命了，要不是老天賞我們機會，我們也無法實現自己的目標。

「我是靠**自己**打拚出來的。」每當我聽到有人說這句話，我都會直言不諱地問：「哦，你怎麼這麼厲害，你是怎麼安排自己生在這個國家的？」

這就談到最後一種奉獻了：對我們的國家奉獻。

如同〈美哉，美利堅〉（America the Beautiful）這首愛國歌曲說的，請你們別以為當美國人沒什麼好處，也請你們別以為當美國人是天經地義、理所當然的。此外，也請你們千萬別以為美國已經很完美了，就像這首歌裡我最愛的那段歌詞：「美利堅！美利堅！願上帝糾正你的每一個缺點。使你的自制堅定無比，把你的自由載入法典。」一旦我們每一天都大膽堅定、竭盡所能地遵守好國民的基本守則，我們的國家也會產生神奇的變化。

因此，這一切都取決於我們能否召喚出體內的天分、能力和神奇的力量。就像天命每一次都降臨到我的身上，它也會降臨到你的身上。我說的是真的！因此，不管你想做什麼事情，就大膽地去做吧。

每一個人都必須決定，自己要多重視物質、要重視哪些物質。於此同時，我們每一個人也應該經常回頭看看自己，是不是只顧著積攢財富，卻沒有負起對家庭、工作、志業、社會與世界的責任。

---

1 譯註：《聖經》的諸多版本之一，一六一一年出版，是英王詹姆斯一世下令翻譯的。

2 美國短篇小說家兼新聞記者戴門・朗尼恩（Damon Runyon）參考「傳道書」這段，補上了這麼一句：「快跑的未必能贏，力戰的未必得勝，不過你還是應該下注。」

3 顯然是引自歌德的名著《浮士德》（*Faust*）。參見 www.goethesociety.org/pages/quotescom.html。

4 引自 W. H. Murray, *The Scottish Himalayan Expedition* (London: J. M. Dent & Sons, 1951)。

5 譯註：猶太教和基督教共同接受的觀念，而且被認為是西方社會法規和道德規範的基礎。

9
21世紀太多，18世紀太少

幾年前的夏天，我把已故的尼爾・波斯曼（Neil Postman）簽名題字送給我的著作拿起來翻閱。波斯曼是多產作家、社會評論家兼紐約大學的教授。這本書的書名是《通往未來的過去：與十八世紀接軌的一座新橋》（*Building a Bridge to the Eighteenth Century*）。

這本書開宗明義就把主旨說完了：

> 不久之後，我們將會知道十八世紀不知道的事情，我們也將會忘記十八世紀知道的事情，而十八世紀也很難與我們同在了。[1]

波斯曼在書中慷慨激昂地為老派的「自由人道主義」（liberal humanitarianism）辯護——自由人道主義是十八世紀理性時代（Age of Reason）的正宗標誌。波斯曼的目標是重新恢復心靈與機械之間的平衡，他最擔心的是我們已經遠離那個時代了。在那個年代，偉大的哲學家與領袖都把西方文明的價值觀與品德擺在第一位。當時普遍流行的看法是，只要是大事，就一定有個道德權威。

照波斯曼來看，真理（truth）是歷久彌新的。我可沒他那麼有把握。雖然長期來看的確是這樣沒錯，真理終將會占上風，可是從短期來看，人們的「看法」往往會勝過真理。

事實上，不管怎麼定義，人們都已經拋棄**真理**了。我們現在擁抱的，是美國喜劇明星史蒂芬．柯伯（Stephen Colbert）所發明的**truthiness**（以為真實）這個詞，意思是：我們所說、所寫的一切（無論是想法、數字等等），只不過是我們為了自己的利益而「想要相信、也希望說服別人相信」的東西罷了。

我們社會上最富有的一群人都只顧自身利益，在《為資本主義的靈魂而戰》中我說得很清楚，我們的企業與金融業，已經從**所有人**資本主義，變成**經理人**資本主義。我擔心的，是這個「病態現象」已經擴散到整個社會、滲透到很多人的生活裡了。

今天只要上上網，用手指頭敲一敲，維基百科（Wikipedia）和Google就等著為我們服務。我們被資訊團團包圍，卻離知識越來越遠；事實（facts）——精確點說，是factoids，意思是「真假難辨的事實」——無處不在，智慧——也就是在十八世紀盛行的那種智慧——卻嚴重不足。

我首次質疑這個資訊時代，是在十多年前，當時還天真地以為，我是第一個這麼質疑的。我最近才知道，英國大詩人兼劇作家艾略特（T. S. Eliot）早在一九三四年就表達過相同的看法，而且他的說法比我有詩意多了。他在劇作《岩石》（*The Rock*）中這麼說：

吾人在生活中流失的生命，於今何在？
吾人在知識追求中丟失的智慧，於今何在？
吾人在資訊收集中失去的知識，於今何在？
天體運行來到二十世紀
讓吾人遠離上帝，而更接近塵土。

就把波斯曼的話拿來改一改吧：不久之後，我們將會知道一切不重要的事情，我們也將會忘記一切重要的事情。

越簡單，越不可能失序

波斯曼讚揚的理性時代（我們一般都稱為啟蒙時代）主要是指十八世紀，那個時代也是西方哲學與社會的核心。

當時，偉大的知識分子與哲學家輩出，雖然見解未必相同，卻共同建立了西方文明。他們聯手將對理性的信賴、對社會改革的熱情注入社會裡，也讓社會相信，教育、宗教、商業和金融之所以運作良好，最大的功臣是道德權威。

這些思想家也十分肯定民族國家與人類自由的重要性，湯瑪斯・潘恩（Thomas Paine）所撰寫的兩本影響深遠的小冊子：《理性的時代》（*The Age of Reason*）與《人類的權利》（*The Rights of Man*），就是最好的例子。

潘恩也撰寫了《常識》（*Common Sense*），這本書對美國的建國有不可抹滅的功勞，讓美國殖民地的人民了解到「大陸應該永遠被小島統治」的想法太過荒謬。這本書也讓他們知道，他們需要「一個向人民收取最少的費用，卻能帶給人民最多幸福的政府」，以及「越簡單，越不可能失序」[2]。

湯瑪斯・傑佛遜（Thomas Jefferson）、亞歷山大・漢彌爾頓（Alexander Hamilton）和潘

恩英雄所見略同，他們也極力主張理性、權利與改革。約翰・亞當斯（John Adams）、喬治・華盛頓（George Washington）、詹姆士・麥迪遜（James Madison）以及其他的開國先賢，都很看重十八世紀的價值觀。

十八世紀的價值觀是英國人與歐洲人提倡的，那是「名人輩出」的時代，提倡者包括埃德蒙・柏克（Edmund Burke）、大衛・休謨（David Hume）、康德（Immanuel Kant）、約翰・洛克（John Locke）、牛頓（Isaac Newton）、讓・雅克・盧梭（Jean-Jacques Rousseau）和亞當・斯密[3]等人，美國的眾開國元勳都受到他們很大的啟發。

這些哲學家的思想也是受到前人的啟發，那也是一個「名人輩出」的時代，包括荷馬、索福克里斯（Sophocles）、蘇格拉底、柏拉圖、亞里斯多德和維吉爾（Virgil），再到但丁、莎士比亞、法蘭西斯・培根（Francis Bacon）和約翰・彌爾頓（John Milton）[4]等。這些人全是偉大的思想家和作家，他們以堅定的態度清晰地表達他們的觀念，這些觀念至今仍然影響著我們。

十八世紀理性時代的眾英雄們，就是站在這些前人的肩膀上，我們很難想像，如果沒有這些人的貢獻，今天這個世界會變成什麼樣子[5]。

富蘭克林的成就

十八世紀的典範應該是班傑明．富蘭克林（Benjamin Franklin）。我之所以舉他為例，不僅因為他是啟蒙時代價值觀的最佳代表人物，也因為他是我住的那座「兄弟愛之城」最有名氣的市民。

富蘭克林的成就無人能比，他是開國元勳、籌畫家、政治家、外交家、科學家、哲學家和作家。他講過很多名言，其智慧之高也是人盡皆知。他的創業精神也很令人讚嘆，不管放在**哪個**時代來看，他這個人都很厲害，我們這個時代的人根本不能比。

在這個資本主義大行其道的時代，「**創業家**」這個詞通常是指「受到賺大錢或貪婪的欲望所驅使而創辦新事業的人」。然而，**創業家**這個詞，實際上指的是「從事某種事業的人」，也就是創辦並領導一個組織的人。創業精神如果充分發揮的話，不僅能賺大錢，還能創造出更重要的成就。

你們不相信也沒關係，我們就來聽聽偉大的熊彼得是怎麼說的吧。熊彼得在將近一百年前完成了《經濟發展理論》（*Theory of Economic Development*），他在書中提到，驅策創業家創業最重要的動機，並不是物質與金錢利益，而是以下更為強烈的動機：

（一）創造的樂趣、完成事情的樂趣、施展幹勁與聰明才智的樂趣；以及（二）征服的意願：奮鬥的衝動……成功並不是為了享受成功的果實，而是為了成功本身。

創業家與資本家的差異

創業家和資本家，完全不一樣。

誠如為富蘭克林立傳的作家布蘭茲（H. W. Brands）所言，「假使富蘭克林擁有資本家的靈魂，那他就不會把時間花在搞印刷上，而是用來賺錢了。」[6]

然而，富蘭克林並沒有那麼做。賺錢永遠只是達成目的的手段，並不是目的本身。富蘭克林之所以創辦那些事業、發明那些東西，都是為了公眾的利益，不是為了他個人的利益。

富蘭克林代表的是十八世紀理想主義版本的創業精神，即便到了今天，這種精神也很鼓舞人心。富蘭克林提醒我們，「幹勁與毅力將戰勝一切」，這很可能就是他自己的動機。套用熊彼得的話來說，他之所以這麼做，是為了創造的樂趣，是為了施展幹勁與聰明才智的樂趣，是為了征服的意願，以及奮鬥的樂趣。

富蘭克林當時創辦了一家「互助保險公司」（mutual insurance company），這顯示他的創業精神也包含了社群意識。

十八世紀時，火災是大城市的重大且無處不在的威脅。一七三六年，當時才三十歲的富蘭克林為了解決這個問題，創辦了「聯合火險公司」（Union Fire Company），組織了一群人，有火災發生時就排成長龍來傳水救火，保護出資者的屋舍。沒多久，費城也陸續成立了其他火險公司，這些火險公司彼此間的競爭越來越白熱化。到了一七五二年四月，富蘭克林和其他同業再聯手創辦了「費城貢獻」（Philadelphia Contributionship）公司。這家公司至今還在經營，是美國歷史最悠久的產險公司。

富蘭克林的成就不只這些，他還創辦了一家圖書館、一所中學、一所大學、一家醫院和一個學會。這些都不是為了他個人的利益，而是為了造福他所屬的社區。

富蘭克林和很多創業家一樣，都是發明家。同樣的，他的目標是增進社區的福祉。他發明了很多東西，有避雷針、富蘭克林爐（Franklin stove）（更別提雙焦兩用眼鏡和蛙鞋）等等。他並沒有為了賺錢，就去申請避雷針的專利，也婉拒州長想幫富蘭克林爐申請專利的好意。富蘭克林爐又稱為「賓州壁爐」（Pennsylvania fireplace），是富蘭克林在一七四四年的重要發明，這種鑄鐵壁爐大幅提升了住宅供暖的效能，對社會大眾有很大的貢獻。

富蘭克林深信，「知識，並不是發現知識的人的個人財產，而是眾人的共同財產。由於我們也享受了別人的發明所帶來的種種好處，因此如果我們有機會用我們的發明來服務別人，我們應該高興才對，而且應該免費且慷慨地提供他人使用。」

二十一世紀的頭十年快過完了，以富蘭克林為代表的十八世紀價值觀，和今天的價值觀有著明顯對比。

今天，專利訴訟殺紅了眼、大企業的執行長開出天價薪水、避險基金經理人拿走巨額薪酬（不管基金是賺是賠，也不管基金還在不在，他們通常都可以拿到這些錢）、社會大眾大都自掃門前雪。事實上，拿十八世紀來和二十一世紀比，還真的有如天壤之別。

公正的旁觀者

富蘭克林是理性時代的化身，跟他同時代的亞當・斯密（他比富蘭克林小了十七歲）則是經濟學的化身。亞當・斯密在《國富論》（*The Wealth of Nations*）中提出「看不見的手」的比喻，並說明「看不見的手」是如何推動經濟的，這個理論對今天的經濟哲學仍然相當重要。

亞當・斯密寫道：

每個人都只顧到自己的安全；透過讓生產價值最大化的管理方式，盤算著一己的利益。在這些常見的情況下，經過一雙看不見的手的引導，他也同時促進了原先無意達成的目標……藉由追求個人的利益，往往也更有效地促進了社會的利益，超出個人原先的意料之外。[7]

今天，誰都聽過「看不見的手」，可是，亞當．斯密提出的「公正的旁觀者」（impartial spectator），卻沒什麼人知道。「公正的旁觀者」出自他更早以前的《道德情操論》（*Theory of Moral Sentiments*），這個詞呼應了富蘭克林所堅持的價值觀。

亞當．斯密告訴我們，公正的旁觀者能夠召喚出慷慨高尚的價值觀。公正的旁觀者就是「內在的人」（inner man），是由我們所處的社會，或者我們的靈魂所塑造出來的，它會給我們最崇高的召喚。用亞當．斯密的話來說：「這是理性、道義、良心；居住在內心的人，判斷我們行為的偉大法官與裁判。」

〔公正的旁觀者〕的聲音足以震懾我們心中最劇烈的衝動。他向我們大聲疾呼：我們不過是無數生命中的一員，絕不高人一等；如果我們如此妄自尊大，必將受到人們的仇

> 視、憎恨和詛咒。只有公正的旁觀者才能讓我們明白自己以及一己的私利的確是微不足道，而且這個公正的旁觀者……向我們指出：慷慨的行為是合乎情理的，而違反正義的行為則是醜惡的；為了他人更大的利益而犧牲自己最大的利益是正確的，為了自己得到最大的好處而使他人受到哪怕最小的傷害，也是醜惡的。
>
> 很多時候，促使我們按照神性的美德去行動的，既不是對鄰人的愛，也不是對人類的愛，而是一份更強烈的愛、更有力的感情，一種對光榮和崇高事物的愛、對偉大和尊嚴的愛，以及對自己品格的愛。[8]

亞當·斯密字字珠璣，他的這些價值足以鼓舞二十一世紀的人。這些價值久為我們所忽視，且正面臨著徹底淪喪的危險。公正的旁觀者是個很重要的隱喻，代表十八世紀那些崇高的價值。

企業的道德史

有很多證據顯示，富蘭克林和亞當·斯密所看重的價值觀，那個時代的生意人也很看重。事實上，老天叫我看的那期《財星》上——也就是我在一九四九年看的那期帶給我畢業論文靈感的雜誌——還有一篇文章，題目叫做：〈美國企業的道德史〉（The Moral History of U.S. Business）。

我在幾年後重讀，儘管我當時不太記得那篇文章的內容，但我很確定當年也讀過那篇文章。而且，我還很快地回想了一下，我當初創辦先鋒集團時立下的幾個基本原則，和《財星》那篇文章中所提到的「企業的道德責任」，應是脫不了關係的。

那篇文章開頭就說，企業領導人之所以辛勤工作，動機不止「利益」這一項。其他的動機包括「對權力地位的熱愛、利他主義、好戰性格、愛國心及對留芳萬世的期待」。我承認，這些動機我全都有（人生苦短，沒必要當個偽君子）。不過，我也同意《財星》所說的，美國社會傳統以來都會問：「生意人掌握了社會權力，但他們的道德證書在哪裡？」

《財星》那篇文章先引了貴格會（Quaker）生意人約翰．伍爾曼[9]的話。伍爾曼是紐澤西人，他在一七七〇年寫道：「奉勸大家去做最有用、且不需要花成本的事情。」

接著，那篇文章又引了班傑明．富蘭克林最中意的名言，勤勉與儉樸是「帶來財富、獲得美德的手段」。

時間推到一八四四年，那篇文章引用愛爾蘭天文學家威廉・帕森斯（William Parsons）的話，帕森斯談的是「廉潔的商人」。帕森斯形容好商人是「做生意的人，他願意冒風險，但他不會把別人託給他保管的財產，投入高風險的事業中。他會小心地避免浪費，他的生活很簡樸，為人很低調。他不僅是商人，也是一個人，他會提升他的**心智**，耕耘他的**心地**，塑造他的**品格**」。

商人與人

帕森斯對**商人**與**人**的定義很有意思，雖然這是在一百六十多年前就提出來的，但我覺得他好像是專門針對我而說的。他說，生意人應該是審慎、可靠而簡單的，這些話說到了我的心坎裡，一語道盡了我這一生的事業與人生目標。

帕森斯認為，商人只要具備三種特質，就可以定義為人，我也覺得很有道理。就心智來說，我每天都努力提升我的心智（我是說真的！）——我會看書、反省，我會虛心檢討我那些根深柢固的信念；我還會把每一天發生的大事記下來。

就心地來說，沒有人的運氣比我更好，沒有人比我更會耕耘心地，因為我在十多年前就換了一顆新心！

就品格來說，不管我在漫長的一生中建立了什麼樣的道德標準，我都戰戰兢兢地經營公司，我也把我的靈魂和精神注入我的公司裡。

這些道德標準不僅可以用在人生上，也可以用在企業經營上。我希望生產性企業的領導人與金融業的經理人，都能秉持這些標準，來管理別人託付給他們的數兆美元資金，我也希望他們能盡心盡力地為別人服務。

重返資本主義的受託責任

在這個資訊超載、重度倚賴電腦的時代，我很擔心的是，我們已經忘了過去那些曾經引領我們前進的古老真理。這樣的恐懼，迫使我為我所選擇的使命——設法讓資本主義、金融業和基金管理業重新重視受託責任——不斷奔走。

雖然這個社會已經沒有多少人在遵循十八世紀的價值觀了，但這些價值觀的確曾經存在過。我很高興，還是有幾個人挺身而出，出面捍衛這些價值觀。比方說，我們來聽聽備受愛戴的比爾．喬治是怎麼說的：

> 真誠的領導人衷心希望透過領導來服務他人……相較於享有權力、金錢或地位，他們更關心是否能讓其所帶領的人有所作為……他們是用感情來領導的，他們是用熱情和同情來領導的；他們也是用大腦來領導的……他們是用意志、意義和價值觀來領導的……他們和別人建立長久的交情……他們是始終如一的，他們是嚴以律己的。當他們的原則受到考驗，他們拒絕妥協。[10]

這些出自喬治的暢銷書《真誠領導》（*Authentic Leadership*）的話，很有道理。真誠的公司是由真誠的領導人來帶領，這種公司能夠創造優良的績效，也能夠提高企業的內在價值。真誠的領導人會把道德操守注入組織裡，不僅提高股價，獲利與每股盈餘也能持續成長。誠如喬治所寫的：「如果我們希望股東價值能夠持續成長，最好的方式就是激勵員工努力工作，爭取客戶的信心與信任。」

我們也來聽聽波士頓大學法律系教授塔瑪・法蘭克（Tamar Frankel）怎麼說。法蘭克在他的著作《信任與誠實：美國企業文化正處於重要關頭》（*Trust and Honesty: America's Business Culture at a Crossroad*）中寫道：

對富饒的社會來說，真正的考驗並不是社會已經達成的事情，而是社會想要達成的事情。就算誠實的人並沒有為他們自己爭取最大的利益，我們還是會把他們當偶像來崇拜……此外，我們還會鄙視、回避不誠實的人，我們會把他們當做失敗的典型，因為他們是用欺騙和辜負別人的信任，來實現他們的最大野心。[11]

「公正的旁觀者」能夠帶給我們洞察力，這是我們需要的。比爾．喬治和塔瑪．法蘭克的說法讓我們知道，我們可以融合十八世紀的理想與二十一世紀的現實。他們讓我們重新發現早就被人遺忘的十八世紀價值觀，也就是十八世紀版的創業精神、互助合作精神以及公共利益的共同發明：**德行**（virtue）。

早上一個問題，晚上一個問題

今天，**德行**這個詞會讓很多人感到慚愧，但班傑明．富蘭克林不會。

一七二八年，當時才二十二歲的富蘭克林告訴我們，他「構思了一個能令道德臻於完善的大膽計畫……我明白（或者說，我認為我明白）什麼是對的，什麼是錯的。我當然可以總是做對的事情，避開錯的事情」。

他還告訴我們，這個任務遠比他想像得更艱巨，不過，他還是列出了十三項德行，包括：節制、沉默、生活秩序、儉樸、勤勉、真誠和公正。他甚至按照這十三項美德的重要性排出先後順序。

他每天一早醒來就會問自己一個「早晨的問題」：我今天應該做什麼好事？晚上睡覺前也會問自己一個「晚上的問題」：我今天做了什麼好事？

世上還有比這更好的自我修養哲學嗎？

如果我們不從十八世紀理想主義的角度，而是用二十一世紀懷疑主義的眼光來看，我必須承認，我也很好奇富蘭克林當時那麼年輕，怎麼會有那麼強烈的道德感和那麼嚴格的自我要求？在今天這個社會，沒多少人在乎德行，當時的富蘭克林卻培養了——用他自己的話來說——「正直誠信的品格」。這使他擁有非常大的影響力，讓他能夠號召同胞，一起為美國的建國大業打拚。

致力於增進大眾福祉的富蘭克林身上，處處可見這樣的人格特質，從他的創業精神，從他樂於創造發明、樂於揮灑聰明才智、幹勁與毅力中，都能清楚地看到。

這樣的人格特質，也使得他試圖平衡驕傲與謙遜——在我們這個重視光鮮亮麗的外表、名氣與金錢的時代，很多人早就不再關心這件事。富蘭克林在自傳中寫道：

現實中，我們最難抑制的情緒是驕傲。儘管設法掩飾，竭力與它鬥爭，打壓它、扼殺它、克制它，但它仍然存在，而且不時出現；即使我以為我已經完全將它克服了，我可能又會因為自己的謙遜而感到驕傲。[12]

坦白說，他的話點醒了我，我的驕傲的確經常出現，而我的謙遜也需要加強。富蘭克林的確是十八世紀價值觀的化身，他是我們這個時代的典範。他跟我們的對比十分明顯。和他相比，我們太重視二十一世紀的價值觀，我們被自私自利的心態牽著鼻子走，我們太不重視十八世紀的價值觀——在那個年代，「公正的旁觀者」不僅是人生的明燈，也是全體社會的共同目標。

1 我和波斯曼只有一面之緣，可是他對我的價值觀卻瞭如指掌，所以他在書上題了幾句話：「致傑克：我很高興能在二十一世紀認識他，不過，他並沒有忘記輝煌的十八世紀。讓我們舉杯來敬常識！」

2 我想你一定看出來了，後面這兩點在本書中經常出現。

3 譯註：這些人全是啟蒙時代的哲學家、思想家。

4 譯註：索福克里斯，古希臘悲劇詩人。維吉爾，古羅馬詩人。法蘭西斯．培根，英國著名哲學家兼科學家。約翰．彌爾頓，英國著名詩人兼政治家。

5 我認為，如果當時《聯邦論》（*The Federalist Papers*）沒有出版的話（總共有八十五篇），當時十三州中就不會有九州通過美國憲法——他們如果不同意的話，美國憲法就沒辦法正式通過（最後，十三個州都同意了）。《聯邦論》有五十二篇是亞歷山大．漢彌爾頓執筆的，他當時用的筆名是「帕布里亞斯」（Publius），他的筆名是取自古羅馬共和國的開國元勳兼大將軍的名字，這個名字的意思是「人民之友」。

6 引自H. W. Brands, *Benjamin Franklin–The First American* (NewYork: Doubleday, 2000), 166。

7 引自Adam Smith, *The Wealth of Nations*, 1776。亦見於www.adamsmith.org/smith/won-intro.htm。

8 引自Adam Smith, *The Theory of Moral Sentiments*, 1759。亦見於www.adamsmith.org/smith/tms-index.htm。

9 譯註：約翰．伍爾曼（John Woolman）是十八世紀美國紐澤西州的一位裁縫師，他在黑奴仍然遍存於美國社會的時候，以耶穌基督所傳給我們的「愛鄰人」之心，去關心、倡導反蓄奴。

10 引自Bill George, *Authentic Leadership: Rediscovering the Secrets to Creating Lasting Value* (San Francisco: Jossey-Bass,

2003)。

11 引自 Tamar Frankel, *Trust and Honesty: America's Business Culture at a Crossroad*（New York: Oxford University Press, 2006）。

12 引自 Benjamin Franklin, *The Autobiography of Benjamin Franklin*。亦見於 www.ushistory.org/franklin/autobiography/singlehtml.htm。

10 功利太多，人品太少

我先跟你們說個故事。

這個故事是一位很受人敬重的牧師——佛瑞德‧克瑞達（Fred Craddock）——講的。克瑞達牧師來自喬治亞州，是很有名的傳道人。我覺得這應該是他編出來的（牧師都很有想像力），但他說這是真實的故事。

克瑞達博士有一次去看他的姪女，她養了一條靈緹犬（greyhound）[1]，就是那種會在賽狗場上追逐機器兔子的獵狗。這條狗因為無法繼續上場比賽，而面臨被安樂死的命運，她救了牠，並收養了牠。克瑞達博士和這條狗之間有一段對話：

我對這條狗說：「你還在比賽嗎？」

「不比了。」牠答道。

「呃，為什麼？因為你太老了？」

「不是，我偶爾還是會跑一跑。」

「呃，那是為什麼？因為你贏不了嗎？」

「我幫我的主人贏了一百萬美元。」

「呃，那是為什麼？是因為待遇很差嗎？」

「哦，不是，」這隻狗說道：「以前比賽的時候，他們把我們伺候得很好。」

「那你是跛了嗎？」

「不是。」

「那到底是為什麼？」我逼牠回答：「為什麼？」

這隻狗答道：「我辭職了。」

「辭職？」

「對，」牠說道：「我不幹了。」

「你為什麼不想幹了？」

「因為，跑了這麼多年以後，我終於發現，我追的兔子竟然不是真的，所以我就辭職不幹了。」[2]

這個故事是真的嗎？嗯，也許不是。但我希望人家都能想想那條老靈緹犬的心情。我們自己是否也經常拚命地往前跑，拚命地追逐一隻叫做「成功」的假兔子，最後卻發現：真兔子其實就在我們的眼前，而我們卻視而不見。

用什麼來衡量財富？

先聲明，我並不是反對成功，而是成功的定義太多了，所以我盡量不用這個詞[3]。

我念普林斯頓大學的時候，經常和班上同學閒聊，我們當時對成功的定義，就是最常見的那種，也就是獲取財富、名聲和權力。當時，我認為這個定義很有道理，直到畢業至今的五十多年來，這個定義還是有道理的。事實上，字典也是這麼定義的：「成功：擁有很多想要的東西；獲得某樣東西，通常是財富或地位，視一個人的欲望而定。」

所以，財富、名聲和權力，是成功的三大要素，這我贊成；**我不贊成的，是人們對這三**

大要素的傳統定義——財富，不能只用「金錢」來衡量；名聲，不能只用「掌聲」來判斷；權力，也不只是「控制他人的力量」而已。

用**錢**來衡量成功，是很膚淺的。如果金錢是我們所追求的目標，那麼，人就會以「錢」的多寡來論成敗。世上還有比這更愚蠢的事情嗎？

那麼，我們**應該**用什麼標準來衡量財富？我們可不可以用幸福美滿的人生？可不可以用家庭幸福的程度？有些人的工作，對人類、同胞、社區居民有很大的貢獻，還有誰比他們更富有呢？

我並不是說，金錢不重要。誰不想要充裕的金錢？有了充裕的金錢，我們才能充分享受人生，充分享受自由。我們都希望免於匱乏，都希望擁有經營事業的資本，都希望擁有教育子女的經費，都希望擁有安享晚年所需的老本。可是，想要達成以上目標，到底需要多少財富？事實上，我們應該好好想想，擁有超級多的財富——也就是：不管要什麼，都能如願以償——到底是福，還是禍？

用什麼來衡量名聲和權力？

用**名聲**來衡量成功，也是有問題的。說來遺憾，在這個時代，名聲似乎成了人們建立自我的重要工具。但我希望那些積極追求名聲的人，能問問自己兩個問題：**名聲打哪兒來？會帶你往哪兒去？**

是的，運動明星和影視明星的名聲很顯赫，卻很短暫。我們都很愛看他們使出渾身解數來娛樂我們，但在今天這個快節奏的世界裡，這種名聲大都很難維持，頂多像知名藝術家安迪．沃荷（Andy Warhol）說的——每個人都可以成名十五分鐘。

憑真本事得來的名聲是一回事，但那些靠著自我膨脹而來的名聲、靠著裝腔作勢而來的名聲、靠著在企業和金融業（還有投資人身上）榨取財富而來的名聲、用來實現卑鄙目的的名聲，卻是另一回事了。

我只是個平凡人，因此坦白說，我偶爾也喜歡名聲帶來的樂趣。二〇〇四年四月，有天我翻開《時代》（*Time*）雜誌，看到雜誌首度進行的年度「全球最有影響力的一百人」評選，而我居然名列其中，和很多「英雄與偶像」級人物一起，例如U2合唱團的主唱波諾（Bono）、南非政治領袖納爾遜．曼德拉（Nelson Mandela）、高爾夫球名將老虎．伍茲

（Tiger Woods）和達賴喇嘛。我知道，我之所以入選，並不是因為我高爾夫球打得好（其實我的球技普通而已），也不是因為我看起來祥和平靜（才怪）。我之所以入選，是因為我創辦了先鋒集團，而且發明了世上第一檔指數型共同基金。我很感謝《時代》雜誌給我這份殊榮。

但我也知道，雖然先鋒集團和指數型基金為投資人賺進了很多財富，另外卻還有超過九十九個以上（數以千計）的人們對當代社會的影響力比我更大。此外，全世界也有數以百萬計的人們對所屬的社群做出了很大的貢獻，卻沒多少人知道，甚至沒人知道。事實上，很多在日常的工作為我們的社會做出最多貢獻的人，連片刻的名聲都沒有享受過，也沒有得到大眾的掌聲與崇拜。

這就讓我們想到**權力**。沒有人比我更清楚，手握經營大權有多令人興奮。如果明智地行使權力，那麼，指揮公司的**成員**、運用公司的**資金**，是很好玩的一件事；可以強化一個人的自信心，還能帶來完成事情的成就感。

然而，如果是草率地行使權力，利用權力來耍特權，從事好大喜功的併購，採取不智的資本支出，那麼，企業的價值不僅無法提高，甚至還會降低，不只股東，包括忠誠的員工、整個社會，都將是輸家。

我們應該尊敬的，是為了「有意義的目標」而行使的權力，比方說：追求知識的權力、堅持道德操守的權力、讓那些和我們一起工作的人能在技能和心靈方面有所提升的權力、尊敬努力打拚的公司成員（不論職位高低）的權力、幫助同伴的權力，以及——借用亞當・斯密的話來說——「某種偉大、美好、高貴的權力。這種權力值得念茲在茲，為之奮鬥。這種權力能夠發展工業，也能夠發明、改良科學與藝術，還能夠尊榮和美化人類的生活。」**這種**權力才是值得追求的權力。

因此，我們應該如何衡量成功？答案是：成功不能只用金錢來衡量，也不能只用「擁有多少控制別人的權力」來衡量，更不能只用短暫虛幻的名聲來衡量。不過，成功**可以**用「為建立美好世界做貢獻」、「幫助同胞」、「把子女教養成懂得關心別人、奉公守法的好公民」等標準來衡量。

總之，我們不應該以獲得多少東西來衡量成功，我們應該以為社會做出多少貢獻來衡量成功。

意義，而非目的

坦白說，我的確偏愛商業，有一部分原因是私心（我是個生意人），有一部分原因是真誠的信念。企業為社會生產商品與服務，讓大家的日子過得更好。金融業為資本主義起了潤滑作用。創業精神是推動創新的重要力量。再者，生意人也推動了美國資本主義的發展，使美國經濟成為全世界羨慕的對象。這都是好的一面。

可是，我們這些選擇經商的人必須問自己：我們追逐的，到底是**成功**的假兔子，還是**意義**的真兔子？我們唯有經常問自己這個問題，才能為社會帶來正面的影響。意義的真兔子是用我們為社會做出多少貢獻來衡量的，而我們之所以願意為社會做出貢獻，是出於操守、美德和人品。

如果你從事某個工作，僅僅是為了發財、出名或濫用權勢，那麼，這個工作就不是對的工作。如果你從事某個工作，僅僅是為了達成別人的期望，那麼，這個工作也不是對的工作。如果你的成功會給社會帶來損失，那麼，你的成功就不是對的成功。我們應該怎樣來衡量成功？看你有沒有符合你自己的期望，還有，看你有沒有充分發揮你的才能。

當個追真兔子的人

我認為，企業界和金融界的人負的責任最重，因為他們賺的錢最多。然而，金錢會矇騙我們，讓我們搞不清楚，我們到底做了什麼事情，還有，我們為什麼要做。法國哲學家笛卡兒（René Descartes）在四百年前告訴我們，「人們會無法理解與他的收益相衝突的論點。」所以，我們一定要經常問自己，我們正在追逐的兔子，到底是真是假。

我們就拿生意人和追逐真兔子的人來比一比吧。追逐真兔子的人有：內科醫生、外科醫生、護士、教師、科學家、雕刻家、畫家、歷史學家、音樂家、作家、詩人、法學家、認真的公務員、牧師、神父、拉比（rabbis，猶太教教師）等等。我們之所以尊敬追逐真兔子的人，是因為他們都是認真負責、熱心奉獻的人，雖然他們都清楚，這麼做不可能讓他們發大財，也不可能讓他們享大名，或是掌大權（連短暫掌權都沒辦法），但他們依然無私無悔地服務社會。

不過，追逐真兔子的，不只這些人，還有那些從事尋常工作的人，像是水電工、木匠、軍人、消防隊員、技工、程式設計師、列車長、駕駛、領航員、景觀設計師、石匠、技師和農夫等等。如果不是這些人從清晨醒來就開始工作，而且持續工作一整天，這個社會是沒辦法運作的（他們任勞任怨，而且幾乎無法享受世俗所謂的「成功」的果實）。這些人根本不需要問他們追的兔子是真是假，他們追的，**一定是真兔子！**

海倫・凱勒（Helen Keller）曾經說：「我的希望是完成偉大崇高的任務，但我的本分是完成卑微的任務，就好像它們是偉大崇高的。世界能夠前進，不僅是靠英雄們來推動，也是靠匯集每一個正直勞動者的渺小力量來推動的。」[4]

美國前總統伍德羅．威爾遜（Woodrow Wilson）說得更好：

美國的寶藏不在那些控制大企業的人的腦袋裡……而是在於發明，在於創作，在於沒沒無聞的人的雄心抱負。國家是靠無名英雄來革新的，不是靠已經成名、已經掌權的人來革新的。[5]

為何而競爭？

生活總會產生新挑戰。今天，美國的富裕生活也產生了很多新挑戰：美國人覺得自己享受很多權利，美國人覺得自己掌握經濟大權，美國人覺得自己掌握軍事力量，所以，美國得到全世界的尊敬，但也得到全世界的嫉妒和憎恨。

老實說，六十年前的世界是更天真的，和那時相比（我當時還只是個年輕人），今天這個世界對年輕人的要求更高。高中生花在學習、運動和課外活動上的時間，是過去的兩三倍，沒辦法，如果不這樣做，就進不了知名大學。進了大學以後，為了爭取好成績，他們還是照樣用功，只有這樣做，他們才進得了最好的研究所。所以，他們就一輩子競爭下去。

這種情況其實還好，競爭本來就是人生的一部分。可是，我還是得再問一次，你們為何而競爭？是為了分數還是學習？是為了形式還是實質？是為了名望還是美德？是為了明確的事物，還是模糊的事物？是為了跟隨別人的星星，還是為了跟隨你自己的星星？

如果你缺乏尊榮和人品，這意味著什麼？這就是問題所在。最優秀聰明的人都被訓練成只會追逐成功的假兔子，卻缺乏追逐無形特質的訓練，殊不知這些無形的特質，到最後就會變成能夠帶來真正成功的美德。

沒有品格與勇氣，所有事物都無法延續

二〇〇四年十一月，《紐約時報》刊登了一篇文章，這篇文章是大衛．布魯克斯（David Brooks）執筆的，他說得很對：

受過高等教育的年輕人，在人生的各方面，都得到很好的教誨與指導，只有品格方面除

外；然而，這方面卻是最重要的。假使沒有品格與勇氣，所有事物都無法延續。6

如果不教導品格，他們怎麼可能學得會？

在這個富裕的世界中，有很多年輕人的品格並沒有發展好。品格的建立需要經歷失敗、經歷過逆境、經過深思熟慮；品格的建立也需要下定決心、堅定不移、發展出自我。當然，品格的建立也需要尊榮。

然而，儘管品格是精神力量的泉源，我們卻好像不怎麼看重品格。事實上，我們的挑戰並不在於如何找出有用的精神泉源，而是在於如何去蕪存菁，挑出最好的部分。比方說，雖然《舊約聖經》不用「品格」這個詞，但還是談了不少品格：

便說，人算什麼，你竟顧念他，世人算什麼，你竟眷顧他。（「詩篇」八章四節）

敬畏耶和華，是智慧的訓誨。尊榮以前，必有謙卑。（「箴言」十五章三十三節）

敬畏耶和華心存謙卑，就得富有、尊榮、生命為賞賜。（「箴言」二十二章四節）

追求公義仁慈的，就尋得生命、公義和尊榮。（「箴言」二十一章二十一節）

《新約聖經》談到品格的地方也很多。比方說，聖保羅說過：「但那些想要發財的人，就陷在迷惑、落在網羅、和許多無知有害的私欲裡，教人沉在敗壞和滅亡中。貪財是萬惡之根。」[7]聖路加（St. Luke）也對那些有幸獲得富足生活的人（廣義來說，包括今天大多數的美國人）說：「因為多給誰，就向誰多取……多託誰，就向誰多要。」[8]

莎士比亞也談了不少。他用《哈姆雷特》（*Hamlet*）當中的一段話，來總結品格。這段話大家都聽過，就是御前大臣波隆尼爾（Polonius）送給他兒子雷爾提（Laertes）的忠告。波隆尼爾是在雷爾提啟程前往法國之前講的，這段話很有深意：

最重要者，萬勿自欺，
如此，就像夜之將隨日，
你也不會欺將於他人。

所以，就忠於你自己吧！就**做你自己**吧！如果你不是你應該當的那種人，如果你不是你想當而且能當的那種人，那就把自己變成**更好**的人吧。你辦得到的，不管你是十六歲、六十歲，還是和我一樣，甚至比我更年長，已經九十幾歲了！

我們就和克瑞達博士故事中的老靈緹犬一樣，年紀越大，我們在人生的跑道上就跑得越慢。不過，年齡帶給我們的好處是，它能讓我們更清楚，哪種兔子才重要。重要的是，我們都能體現字典對「**尊榮**」的定義：「人品高尚、心靈高貴、蔑視卑鄙、寬宏大量、明辨是非、尊重美德。」

我們追的是眞兔子，還是假兔子？

大多數的人都不會花太多時間來思考，我們正在追的兔子是真的假的，因為，我們四周都是指示牌。然而，每當夜深人靜、每當獨自面對自己時，很多不**需要**去想「辛勤工作究竟有何價值？」和「何謂幸福快樂的人生？」的人，也會思考這些問題。然而，不管**他們**想不想這些問題，「我們」這些事業做很大、賺很多錢的人（我們這些人之所以這麼成功，不是靠好出身、好遺傳、好運氣，就是靠聰明能幹、堅忍不拔，要不就是靠貴人相助），都是會想的。我們是無法豁免的。

你們應該會很驚訝，我經常獨自思考，我這一生和我的事業究竟有何價值。如果我們從事的職業，能為社會創造價值，那我們就會變成更好的人，我們就能完成更偉大的事情。而累積個人財富，就不會是我們的目標，而是附帶產生的結果。再者，由於我們給自己設定了這個挑戰，我們就會努力塑造我們的品格，好讓我們能堅持我們的工作。

我們也**都**在比賽。我說的「我們」，是指那些實現更崇高使命的人，也是指那些讓世界得以運作的無名英雄，還有那些運氣很好，靠著從事商業、貿易、金融業和其他高報酬行業賺大錢的人。因此，我們千萬不要追了半天兔子，才發現它是假的。我們也不要像那條靈緹犬一樣，因為打擊太大，就辭職不幹了。我們應該做的是，先確定我們正在追的，是不是**真**兔子。我說的真兔子是指：雖然這個世界很複雜，很危險，很不確定，我們還是盡全力為同胞服務。

一旦我們確定我們正在追的是真兔子，我們就要在人生的跑道上努力跑下去。我們太重視世俗定義的成功，也就是用財富、名聲和權力來定義的成功。然而，我們卻一點也不重視更崇高的成功，這種成功是用精神層面的財富、名聲和權力來定義的，這種成功可以總結為一個名詞——人品。而人品是沒有止境的。

美國最重要的議題是，如何塑造美國人的品格。我們每一個人都應該關心這個議題。我們辦得到。我們都可以為這個崇高的任務，盡一己之力。

1 譯註：古老的犬種，這種犬喜歡追逐所有運動的東西，不論是田野、沙漠中的獵物，或者是跑道上的機器兔。

2 引自Fred B. Craddock, *The Cherry Log Sermons* (Louisville, KY: Westminster John Knox Press, 2001)。

3 說也奇怪，我好像沒怎麼想過功成名就這些事情，我也不是很擔心，我這輩子可能會一事無成。我從來不把注意力放在這些抽象觀念上。更確切地說，我相信，只要我每一天都盡力做到最好，只要我做得比人家要求我去做的更多，只要我做得比人家預期我會做的更好，那我的未來自然是一片光明。

4 引自Charles L. Wallis, *The Treasure Chest* (San Francisco: HarperSanFrancisco, 1983)。

5 引自Woodrow Wilson and Ronald J. Pestritto, *Woodrow Wilson: The Essential Political Writings* (Lanham, MD: Lexington Books, 2005)。

6 引自David Brooks, "'Moral Suicide,' à la Wolfe," *New York Times*, November 16, 2004, A27。

7 譯註：引自《新約聖經》「提摩太前書」六章九節到十節。

8 譯註：引自《新約聖經》「路加福音」十二章四十八節。

夠了

讓我們一起說：夠了！

這本書的書名是《夠了》，所以，或許你會想：對約翰・伯格來說，怎樣才算夠了？對讀這本書的你來說，怎樣才算夠了？這個問題也籠罩著我們今天的社會，對整個社會來說，怎樣才算夠了？

透過約瑟夫・海勒所評論的、關於馮內果陳述他們的億萬富翁東道主的例子，可以清楚地明白「夠了」這個觀念，如何運用在**財富**上。不過，如你所看到的，我已經把**夠了**這個觀念用在金錢以外的地方，運用在企業經營和人生之上。因此，在我開始討論財富這個議題之前，我就先來探討幸福與成功（尤其是正確的成功）之間的關係吧。

史懷哲（Albert Schweitzer）說得很對：「**成功不是幸福之鑰，幸福才是成功之鑰。**」老實說，我覺得對於「怎麼樣才算幸福？」和「在人生中找到了多少幸福？」這兩個問題，幾乎所有人都有定見；而我們活到現在，多少也經歷過人生中的酸甜苦辣、悲歡離合，漸漸的也會明白，很多事——幾乎無一例外——「都會過去」，所以日子還是要繼續過下去。大體上，人類的適應力是很強的。

心理學家們相當精確地提出三個要素，來定義人類的幸福。事實證明，金錢雖然能帶給我們幸福，但我們很快就會提高我們的物質標準，最後使得財富帶給我們的幸福十分短暫。根據《美國心理學家》（*American Psychologist*）雜誌的權威性文章，決定我們是否幸福的，不是金錢，而是以下這三個特質：（一）**自主權**：我們是否能夠掌控自己的人生，做我們想做的事情；（二）**與人交流**：關心我們的家人，和朋友同事來往，結交各種朋友；（三）**發揮能力**：運用我們的天賦才能，和學習而來的才能，發憤學習[1]。

遺憾的是，有些人的運氣不好，永遠無法發展出這些特質，要不就是沒有機會發展這些特質。但是，絕大多數人的運氣幾乎都很不錯，我們多多少少都擁有這些特質，也都沉浸在這些特質所帶來的幸福裡。

明白了「幸福的真正意涵」這件重要的事情之後，我們來談一談，在金錢方面，該怎樣讓自己**夠了**。

我生命中的「夠了」

在談我生命中的「夠了」之前，我必須承認，出社會至今的五十多年來，我運氣很好，賺夠了錢（應該說，遠比「夠了」還多）。我賺的錢，夠我太太一輩子衣食無虞；夠給六名子女留下一些財產（就像一般人常說的，「夠他們做他們想做的事情，但卻不夠他們無所事事」）；夠給十二名孫子、孫女留下一點點錢；最後，還夠我留下可觀的數目，給我在多年前成立的慈善基金會。與不幸的人分享我的財富，是為了落實我的信念：每一個在這個國家賺到錢的人，都有義務將一部分賺來的財富回饋出來。

儘管在過去二十年，我每年都把一半的收入，捐給各種慈善機構，我還是累積了不少財富。我不把這些捐獻視為行善，而是把這些捐獻當做是我這輩子所累積的龐大債務的還款，這包括了（此處排列並無特殊意義）：我們家族所信奉的、為我們帶來強大精神力量的教會；在過去五十多年來，有如守護天使般照護著受心臟病所苦的我的醫院；以及讓我能回饋給大費城地區的美國聯合勸募活動。

我也支持好幾個重要的機構，因為他們讓我有機會服務社會。我最大力支持的，是位於費城獨立廣場（Independence Mall）的「國家憲法中心」（National Constitution Center）。這家機構的目標，是要讓美國主流社會重新認識憲法的價值。我已經在這家機構服務二十年了，有八年的時間是擔任主席。二〇〇三年，我很榮幸的主持了這家機構的掛牌儀式。

以前就讀的母校也是我資助的對象。這幾所學校，為我日後的人生與事業奠定了良好基礎。首先是布萊爾中學，這所學校讓我養成了讀書的習慣，讓我對於數學、歷史、科學和英語有更好的理解，也為我打開機會之門；其次是普林斯頓大學，這所學校磨練我的心智和人品，教導我尊敬和欣賞西方文明的啟蒙者（思想家、作家、音樂家和藝術家）與美國的開國先賢，以及讓我秉持至今的十八世紀價值觀。

「種什麼因，得什麼果。」所以，我捐了很多錢來成立「伯格兄弟獎學金」（Bogle Brothers scholarships），這是我最重要的成就之一。伯格兄弟獎學金的發放對象，是布萊爾中學與普林斯頓大學的優秀學生。這個獎學金已經成立很久，打從多年前我的收入大幅超過支出開始，我就展開了這項計畫。

當年我在這兩所學校，都曾經領過獎學金。我之所以在這兩所學校發放獎學金，正是因為我必須報恩，必須幫助其他和我們兄弟當年一樣需要獎學金的人。當時的布萊爾中學校長布瑞德博士（Dr. Breed），曾經與我父親通過幾次信，信中提醒我父親，一定要繳我們的學費，我們的學費總共是一百美元。我父親回信道：「真的很抱歉，可是我沒有一百元。」

到目前為止，布萊爾中學已經有一百二十八名學生領取了伯格兄弟獎學金，而普林斯頓大學也有一百一十名學生領取了獎學金。

我很高興能夠認識這麼多優秀的年輕人，他們的學術成就讓我與有榮焉。這些優秀的人才已經了解（或是即將了解），他們不僅要把潛能用來服務美國社會，也要用來服務全世界。以我對美國年輕一輩的觀察，我對美國是越來越有信心，對未來也越來越樂觀。

現在來談一下我所擁有的資產吧。

《富比世》（*Forbes*）雜誌列出了美國最有錢的四百名菁英，其中有八十七人是靠金融業致富的——有的是靠創業，有的靠投機，有的辛勤工作，也有人純粹就是運氣好。許多創辦投資管理公司的人（通常還有他們的繼承人），都累積了龐大的財富。在《富比世》雜誌的名單上，金融業人士中排名最低的，財富據估計也有十三億美元，排名最前面的是擁有富達集團的強生家族（Johnson family），身價約為二百五十億美元。

我的資產不曾超過十億美元，甚至也沒有超過一億美元。我的資產為什麼這麼少？這是因為，做為先鋒集團的創辦人，我的公司會把最大份額的報酬分給投資人。先鋒集團的共同基金，是真正的**共有式**共同基金。事實上，我們省下來回饋給投資人的累計金額，就快比其他投資公司的回饋金額多出一千億美元了。

我們之所以能夠省下那麼多錢，如同你在前面所看到的，是因為先鋒集團是「照成本」來經營的。因此，先鋒集團（這家公司的老闆不是我，而是我們旗下的共同基金）實際上賺到的淨收入等於零。然而，拜我前面提到的「先鋒合夥人計畫」所賜，先鋒集團的基金資產大幅增加、基金的報酬良好、投資人所負擔的費用大幅減少，而我分享了這些好處，收入也非常優渥[2]。

因此，和同業相比，我在金錢方面可以算是失敗者。他們比我有錢太多了，如果他們知道，一定會很高興。不過，你們可能會說，我的失敗是自找的。我當時並不知道，先鋒集團的規模會變得這麼大；也不知道發明先鋒集團的共有式結構，會讓我放棄了這麼多錢。

不過，我覺得沒什麼關係，原因有三。首先，我出生並成長在一個節省重於花費的家庭。我並不奢侈，直到現在，叫我花錢買非必需品，我都還會心疼。我得承認偶爾我會打破這些原則，比方說，我對那些上頭有美國國旗的畫作，毫無招架之力。傑斯伯・瓊斯（Jasper Johns，美國抽象表現主義畫家）和契爾德・哈山姆（Childe Hassam，美國印象主義畫家）的經典複製品，無論如何我都要弄到手。不過，從我入社會至今這麼漫長的歲月裡，我從沒有任何一年，花的比賺的還多。

其次，我從一九五一年開始工作以來，就加入一項很棒的確定提撥制退休金計畫。我當年一進威靈頓管理公司，就加入這項計畫，創辦先鋒集團之後，我還是維持這項計畫，一直到今天，我都還在持續投資。

我的第一次提撥是在一九五一年七月，那時我剛進威靈頓管理公司，提撥了第一個月薪水（二百五十美元）的一五％，也就是三十七．五美元。從那時起，我就定期往我的退休金計畫投入一五％的薪酬（從一九八〇年代末期到一九九〇年代中期，我的薪酬大幅成長），我後來還參加一項退休儲蓄計畫（thrift plan）[3]。

在我卸下先鋒集團執行長的職務以後，先鋒集團每年還是會給我一筆不算多的薪水，而我也還是會撥出一五％存起來。我還沒有退休，所以我還不能領取退休金。透過延後課稅的退休金計畫及長期的投資，就能累積不少財富，我就是一個活生生的例子。我的退休金計畫是我家收支表上最大的一筆財富，雖然我不會把正確金額告訴你，不過，我可以跟你說，目前的金額還滿嚇人的。

第三，我的投資很明智，我不搞投機炒作，只謹慎地投資低成本的共同基金（這還用說嗎）。我先是投資威靈頓的基金（至今我仍持續持有），後來絕大多數都是購買先鋒集團的股票型基金。到了一九九九年，我覺得股市投機得太嚴重了，於是開始降低持股比例，把持股降到總資產的三五％左右，並將債券部分提高到六五％，從那之後，雖然股市和債市有所波動，我卻再也沒有更改過我的資產配置。直到今天，就算市場很亂，我也盡量避免去看我所持有的基金還有多少價值（這個做法對我們大家都好！）。

所以，我這輩子的幸運來自神奇的結合：我遺傳到蘇格蘭人的節儉天性；我的收入很好；我習慣把每年沒花完的錢存起來；我善用免稅的複利所創造的數學奇蹟；我對於投資與資產配置有豐富的常識。我不斷苦口婆心地鼓勵大家這麼做，也以行動證明我說的全是對的。因此，我可以向你們打包票，我說的一點也沒錯。這一套的確管用！

你生活中的「夠了」

恪守中庸之道的人，不僅要避開簡陋的茅屋，也要避開令人羨慕的宮殿。

這是兩千年前的古羅馬詩人賀瑞斯（Horace）要我們遵守的標準。放在今天來看也同樣適用。我所擁有的財富，足以讓我遵守中庸之道，當然，我顯然是偏向富裕那一邊。

我相信，正在閱讀本書的人，也都能恪守中庸之道。這麼多年來，我少說也見過幾千名投資人，還有更多人寫信和發電子郵件來給我。我發現，很多投資人（事實上，是大多數投資人）其實已經存夠了滿足自己所需與所欲的財富。我很難想到一個合適的字眼來表達，當我的想法在這些成果中扮演關鍵性的角色時，我有多麼開心。

有人問石油鉅子約翰．洛克斐勒（John D. Rockefeller），擁有多少錢財才夠，他答道：「只要再多一點點就夠了。」但據說對大多數人而言，所謂的**夠了**，是比自己所需要的「多出一塊錢」。這倒是看「夠了」這概念的好角度，只不過，實際上問題卻複雜多了。

《華爾街日報》刊登過一篇書評，評的書叫《節儉出了什麼事》（*Whatever Happened to Thrift*）。對於「美國人擁有的，夠了嗎？」這個問題，這篇書評給了一個很睿智的答案：「這取決於『夠了』是什麼意思。我們得到的利益夠了嗎？我們的鄰人得到的利益夠了嗎？我們的子孫所得到的利益夠了嗎？我們鄰人的子孫和我們子孫的鄰人所得的利益夠了嗎……」這篇書評的結論是，「不管用什麼標準，我們存下來的錢都太少了。」[4]儲蓄（早點存、經常存、規律存）是累積財富的關鍵，不管對誰來說都一樣。這是個非常簡單的道理。

如果你想多存點錢，有個辦法很管用，就是：盡量把你第一次領取退休年金的時間往後延。還有一個法子你一定也聽過，就是：專心投資，別搞投機。《華爾街日報》這篇書評提供了兩條法則：「重要的是：要選投資費用很低的基金；更重要的是：我們只要做一些非常簡單的事情，就可以成為更明智的投資人。」

規畫未來的財富時，不要只看股票、債券名目上的**毛**報酬，而是要把你所知道的費用扣除掉，再來看淨報酬。然後，你必須假設，淨報酬也會因為通膨而縮水。自己選一個通膨率——二・五％、三・五％、四・五％或更多都可以，設定切實可行的目標，這樣才有可能達成。

我可以隨便舉出幾十個讓錢財足夠的建議，不過，這些我以前都講過了，各位可以去看看我過去寫的《伯格談共同基金》（*Bogle on Mutual Funds*）、《共同基金必勝法則》（*Common Sense on Mutual Funds*）、《買對基金賺大錢》（*The Little Book of Common Sense Investing*）。

一個「夠了」的社會

也許，你已經擁有足夠的財富，足以讓你們過著還滿享受的生活；也許，你們很懂得理財投資，所以等你們退休時所擁有的財富，也差不多**夠了**。然而，憑良心說，直到現在，我們的社會都還有數以百萬計的人，正過著貧困的生活，他們擁有的遠遠**不**夠，而且他們這輩子也**不可能**賺到足夠的錢，讓他們過好生活。

在美國社會，富者越富，但是，貧者仍然很窮。比方說，《紐約時報》最近做了一項研究，這項研究指出，以曼哈頓居民來說，在最有錢的人中，有五%在二〇〇六年賺到的錢，超過五十萬美元，有二〇%則是超過三十萬美元。然而，最窮的人當中，有二〇%的人每年拿回家的薪水，平均只有八千八百五十五美元[5]。看看美國的貧富差距有多大吧！

對於這個問題，《紐約時報》的專欄作家大衛·布魯克斯非常憂心，他把這個現象稱為，「赤裸裸的貧富兩極化」。

> 一方面，美國有個有錢從事投資的階層。這個階層的人有延後課稅的儲蓄計畫，還有成群的理財顧問為他們服務。〔另一方面，〕美國也有個靠買樂透來翻身的階層，這個階層的人沒有機會加入退休帳戶計畫，他們也不可能做理財規畫，可是，他們卻經常借錢、刷信用卡、買樂透……美國的貧富差距越來越大，這意味受過良好教育的人擁有更多選擇。可是，最脆弱的人卻要面對更多誘惑，日子也過得更混亂。社會規範已然敗壞。過去幾年來，美國人越來越關心環保和吸菸等議題，卻不甚關心金錢和債務等議題。[6]

身為大衛·布魯克斯口中所說的，「有錢從事投資的階層」的一員，我們為自己的富有與茁壯感到自豪。然而儘管我們都是文明的受惠者，我們還是要提醒自己，還有很多人並沒有享受到文明的好處。《獨立宣言》對我們的保證是，「人人生而平等，造物主賦予他們若干不可割讓的權利。其中包括生存、自由和追求幸福的權利。」

然而，我們雖然生而平等，卻誕生在一個不平等的社會裡：家庭背景不平等，教育資源不平等，連機會也不平等。即便如此，美國憲法還承諾我們更多美好的未來——「我們合眾國人民，為建立更完善的聯邦，樹立正義，保障國內安寧，提供共同防務，促進公共福利，並使我們自己和後代得享自由的幸福，特為美利堅合眾國制定本憲法。」這些承諾——尤其是「建立**更完善**的聯邦」、「樹立**正義**」、「保障國內**安寧**」、「促進**公共**福利」——不只是說好玩的，它們也象徵我們這個時代所面臨的挑戰。

整體而言，如果以所有能「衡量」的東西來說，其實我們所擁有的已經很夠了！美國人口只占全世界人口的四％，但美國人的產出，占全世界總產出的二一％；美國人的消費，占全世界總消費的二五％；美國人賺的收入，占全世界總收入的二六％。美國的財富是其他國家所難超越的，武力也是一樣，雖然發生在遙遠國度的戰爭，已經把美國的財富消耗掉不少。然而，美國的進口還是超過出口，儲蓄率是全世界**最低**的（政府算出來的儲蓄率接近於零），這使得美元在全球匯市上處於弱勢，對美國的未來而言相當不利。

此外，美國經濟的實質成長率（目前來說，每年是三％左右），落後於新興大國——中國每年有九％，印度每年有六％。雖然這些國家的高成長率是來自較小的經濟規模，也不可能一直持續下去，但我們還是要認清，美國不可能永遠控制全球經濟，也不可能永遠控制全球的金融市場。

然而，儘管我們已經擁有很多，但我們的傳統價值觀，卻正在崩壞中，過不了多久，這些價值觀將會消耗殆盡。我們千萬不能忘記的是，一個國家長期的核心競爭力，不是來自物質，也不是來自權力或金錢，而是價值觀。這也就是我在本書中提到的價值觀：毅力、彈性、道德和美德。美國就是要有這些價值觀，才能變得偉大。

總之，我們國家的問題不在於是否擁有足夠的金錢（也就是足夠的生產性財富）來維持、提高它在全球的地位和勢力，而在於它是否擁有足夠的品格、價值觀和美德來做這些事情[7]。

美國名記者門肯（H. L. Mencken）曾說，金錢的價值，主要來自於「我們所生活的這個世界對它的高估」（他這段話可是在六十年前說的，如果他活在今天，不知道會怎麼說）。這也就是為什麼我要告訴你們：能夠計算、衡量和花掉的，只是**夠了**的一小部分。

要理解**夠了**在你我存在這世界的意義，那麼，我們一定要記住：生命中還有很多事物，儘管無法計算，但就像愛因斯坦研究室中掛的那塊牌子說的，可是重要得很。

金錢並非萬能這句話，讓我想到了我在本書開頭所提到的故事。我終於查到這個故事的源頭了，它來自於一首詩，刊登在二〇〇五年的《紐約客》雜誌上。這首詩很有趣；寫得好，字數也不多。

我以名譽擔保，這是個真實故事：
約瑟夫．海勒，一位很重要、也很有趣的作家，
如今與世長辭了，
我曾參加一場億萬富翁舉辦的宴會，
地點在庇護島。
我說：「喬，你知道嗎，
宴會主人光是昨天賺的錢，
就比你靠《第二十二條軍規》那本小說賺到的還多，
你有什麼感想呢？」
喬說：「我擁有他永遠無法擁有的東西。」

我說：「喬，你到底擁有什麼他永遠無法擁有的東西？」

喬說：「我知道我得到的已經『夠了』。」

說得好！願你安息！[8]

願海勒與馮內果安息（馮內果也在二〇〇七年年初與世長辭了）。他們為世人帶來歡笑，也為世人指出人類存在的諸多諷刺之處，戳破了世人過度膨脹的自我。不過，我們還不能安息，這世界還有很多事情正等著我們去完成，這些工作正等著兼具決心、勇氣、聰明才智和理想的人去做——這種人，是永遠不嫌多的。

這個世界已經有太多的憎恨、槍枝、選舉口號、自大、虛偽、自私、勢利、膚淺和戰爭，也已經有太多人相信，「上帝一定是站在我們這一邊」[9]。然而，這個世界的愛心、良心、寬容、理想主義、公平正義和同理心卻始終不夠，這個世界的智慧、謙遜、「犧牲小我、完成大我」的精神、誠信、禮貌、詩意、歡笑、慷慨和靈性也始終不夠。

如果你讀完本書後，覺得自己沒有什麼收穫，那就請你記住這件事情：人生這場遊戲，關乎的不是金錢，而是如何用盡全力，來打一場革新自己、革新社區、革新國家和革新世界的戰役。

我的奧德賽之旅

在本書結束前，有首詩我希望你們讀一讀。我第一次接觸到這首詩，是在前幾年，當時我就覺得這首詩是為我寫的，就跟我在一九四九年那期《財星》雜誌上看到的那篇談美國企業道德觀的文章一樣。

這是亞弗烈・但尼生（Alfred Tennyson）創作的長詩——《尤利西斯》（*Ulysses*），描述的是冒險家非凡的探索旅程。我想用這首詩向你們說明（比我自己說的精彩多了）：我這輩子所經歷過精彩刺激的冒險；這一路上品嘗過的各式各樣、五味雜陳的情緒；我也正一心一意地等待著這一生尚未完成的最後幾章。

尤利西斯一開始，先反省他的長途漂泊之旅：

我不能停歇我的跋涉；我決心
飲盡生命之杯：我一生都在
體驗巨大的痛苦、巨大的歡樂，
有時與愛我的夥伴一起，有時卻獨自一個。

我已經變成這樣一個名字；
由於我如飢似渴地漂泊不止
我已見識了許多民族的城
及其風氣、習俗、樞密院、政府，
而我在他們之中最負盛名；
我曾陶醉於與敵手作戰的歡欣。
我自己是我全部經歷的一部分。

然後，他思考擺在他眼前的事情：

最單調最沉悶的是停留，是終止，
是蒙塵生鏽而不在使用中發亮！
難道說呼吸就能算是生活？
幾次生命堆起來尚嫌太少
何況我唯一的生命已餘年無多

唯有從永恆的沉寂之中搶救，
一點新的收穫；
讓我灰色的靈魂徒然渴望
追求知識，像追求沉沒的星星，
在人類思想最遠的邊界之外。
老年仍有老年的榮譽、老年的辛勞；
死亡終結一切：但在終點前，
我們還能做一番崇高的事業。

然後，尤利西斯決定接受最後一次任務，他召集追隨者：

來呀，朋友們，探索更新的世界
現在尚不是為時過晚。開船吧！
坐成排，畫破這喧嘩的海浪，
我決心駛向太陽沉沒的彼方，

超越西方星斗的浴場，至死方止。
儘管已達到的多，未知的也多啊，
雖然我們的力量已不如當初，
已遠非昔日移天動地的雄姿，
但我們仍是我們，英雄的心
儘管被時間換新，被命運回春，我們的意志堅強如故，堅持著
奮鬥、探索、尋求，而不屈服。[10]

「意志堅強如故，堅持著奮鬥、探索、尋求，而不屈服」，這句話，是我這一生的寫照。

沒錯，我的運氣很好，我擁有的夠多了。我擁有這輩子花不完的財富、幸福美滿的家庭，以及不少良師益友；我做的事業，不僅會給投資人帶來合理的報酬，我也致力於讓世人了解：我們的企業與金融體系，存在許多嚴重的缺失與不平等。

夠了，我希望這句話能啟發你們對於人類的處境與渴望的不同思考，千萬千萬不要變得自滿或縱容自己。希望這本書，能夠啟迪你們每一個人，讓你們找到更多美德，讓你們和你們所愛的人，生活得更充實、更愉快。

1 引自Richard M. Ryan and Edward L. Deci, "Self-Determination Theory and the Facilitation of Intrinsic Motivation, Social Development, and Well-Being," *American Psychologist*, January 2000。

2 我必須完全坦白：我展延了部分薪酬，美國絕大多數企業的高級主管普遍採取這種做法。展延的部分是免稅的，而且是以複利來計算，不過，日後領取時，這部分金額的終值仍是全都要課稅的（有些展延薪酬計畫，並不是以現行的利率來計算利息的〔我自己的就是用現行利率來計算的〕，而是以高達一三%的年利率來計算的！）。這兩種情況都需要改革，一方面，我們必須限制累計的展延金額，必須定一個合理的金額；另一方面，我們必須規定利息，只能用市場利率來計算。

3 譯註：指在年輕時預存一筆錢，而到退休時可以領回，這是一種具有員工儲蓄特性的退休利潤分享計畫。

4 引自Steve Landsburg, "A Lot More Than a Penny Earned," *Wall Street Journal*, June 5, 2008, A19。評的是Ronald T. Wilcox, *Whatever Happened to Thrift* (New Haven, CT: Yale University Press, 2008)。

5 引自Sam Roberts, "New York's Gap between Rich and Poor Is Nation's Widest, Census Says," *New York Times*, August 29, 2007, B3。

6 引自David Brooks, "The Great Seduction," *New York Times*, June 10, 2008, A23。

7 關於這一點，美國前任總統比爾・柯林頓（Bill Clinton）說得很好：「世人一向對美國的典範所散發的力量印象更深刻，對美國展現武力警告他國的做法印象較不深刻。」

8 引自Kurt Vonnegut, "Joe Heller," *New Yorker*, May 16, 2008, 38。

9 譯註：美國南北戰爭期間，有人讓林肯總統一起禱告，祈禱上帝站在他們這一邊。林肯回答說：我不做這種禱告，但是如果你祈求我們站在上帝那一邊，那我加入。

10 引自Alfred Tennyson, *Poems* (London: Penguin, 1985)。（譯註：本詩中譯引自飛白的譯文。）這首詩的倒數第三行，我稍微改了一下。但尼生的原文是，「儘管被時間消磨，被命運削弱，我們的意志堅強如故。」他怎麼也想不到，人類能夠將一顆跳動的心臟從一個人的身上取下來，移植到另一個人的身上。

後記

這些事，總得有人做

二〇〇七年，我應邀到耶魯大學舉辦的「CEO領導高峰會」（CEO Leadership Summit）發表演講。我是與會人員中年紀最大的，所以，我就選了一個既能回顧過去、又能展望未來的演講題目：「我為什麼還要打拚？」

當時，美國的電視編劇正在罷工，理論上來說，來參加高峰會的成員可能還滿痛苦的，因為在那段期間內沒有好笑的深夜談話性節目可以看。因此，我決定模仿《大衛・賴特曼深夜秀》（*Late Show with David Letterman*），用倒過來發表的方式，發表我的「十大」理由。

從搞笑的角度來看，我的「十大」可能不怎麼好笑（沒辦法，我主修的是經濟學），但若要總結我這一生的動力來源，這「十大」倒是非常貼切。

10 我為什麼還要打拚？拜託，我知道才怪。我不過是想做就去做，也不知道怎麼停下來。

9 因為，活了快八十年的我，**除了**打拚以外，沒做過別的事情。我小時候送過報紙，十幾歲就開始打工，做過服務生、售票員、郵局收發員、菜鳥記者、券商的跑腿小弟等等，還在保齡球館排過球瓶（我在前面已經說過，那可真是一份永無止境的工作呀！）。我為了出人頭地而打拚，為了爭取別人的目光而打拚，為了創新而打拚，為了進步而打拚，為了服務社會而打拚，我甚至為了權力和名聲而打拚。我之所以努力寫書，權力和名聲，這也是部分原因。

8 因為，我很崇拜歷史上那些偉大的打拚者，他們是我心目中的大英雄。像亞歷山大·漢彌爾頓、老羅斯福總統、伍德羅·威爾遜。呃，還有費城的「洛基」（Rocky Balboa，由席維斯·史特龍飾演的電影人物）。

7 因為，所有的打拚者到最後都會打敗仗，我想打破這個傳統。

6 因為，在共同基金業中，沒有人在乎「受託責任的傳統價值觀」，也沒有人想要兌現「好好為投資人服務」的承諾。這些事情總得有人去做；經過消去法，這事就輪到我頭上了。

5因為，如果只有一個打拚者孤軍奮鬥的話，他就會得到更多關注。如果你具有強烈的自我意識（像我一樣），這就是額外的好處了。此外，這一行**之外**的人（也就是一般的投資人，例如：網路上的「伯格頭」們〔the Bogleheads，指那些相信指數型投資的人〕），也給了我很大的支持，所以我才能堅持下去。

4因為，很不幸的，我不能打壁球了，打高爾夫球也很吃力。所以，我只能把運動場上的拚搏精神，用來改善社會。

3因為，我打拚的目標是**正確**的：為了分給「人民／投資人」合理的報酬，我要改革金融體系。不論從數學、從哲學或從道德上來說，都是正確的。你可以說我很有理想性格。和五十七年前撰寫大學畢業論文那時相比，現在的我甚至還勝過當年。理想主義者怎麼可能會怕打拚呢？

2因為，我很喜歡在打拚的時候，那種想要合作、競爭、挑戰和改革的狀態。用大詩人羅伯特・佛洛斯特（Robert Frost）的話來說，我的打拚是我和金融界「情人之間的爭吵」。

1因為，我天生就很愛打拚。我一生下來大人就灌輸我出人頭地的想法。這必須喚起心中某種熱情。用知名雕刻家卡曾・伯格蘭（Gutzon Borglum，他曾主持在洛希摩爾山

〔Mount Rushmore〕雕刻美國四位總統雕像的大工程）的話來說：「人生就是一場戰役。人們不曉得，一場漂亮的仗，能給一個人的靈魂和精神帶來多大的力量。」

我想，我這樣的靈魂和精神是永恆的，但我很清楚，我所剩下的時間不多了。我會繼續打拚，直到我的腦袋變得不靈光，精力開始衰退。到那時候（我希望會是在多年後），我就會花很多時間來緬懷，我在這一生中所打過的精彩戰役。畢竟，就像古希臘詩人索福克里斯說的：

直到夜幕降臨，
人們才知白晝的輝煌。

誌謝

這本書的靈感，源自二〇〇五年馮內果發表在《紐約客》雜誌上的一首短詩。兩年後，我在喬治城大學的畢業典禮上發表演說，演說的靈感就是來自於那首短詩。接著，那首短詩又給了我靈感，讓我去思考「夠了」這個觀念是否能用在金錢（那首短詩的重點）以外的地方，是否能把企業經營和人生涵括進來。（我必須鄭重澄清，我在本書中談到的都是我的個人看法，不一定代表先鋒集團目前的管理階層的看法。）

我在思考這個問題的同時，很快就發現，這些觀念我已經斷斷續續地想了少說幾十年；事實上，我從年輕時就開始想了。這些年來我做了很多場演講，那些演講好像是為了這本書而講的。大多數的演講內容我都沒有出版過，因此，如果把這些想法（有些很舊，有些很新，但全都和「夠了」這個主題有關）寫成一本書，那這些觀念就能夠永遠流傳下去。

然而，我得老實說，我在本書所陳述或是引用的話，有幾段（大概有六段吧）在以前的著作中已經出現過了。對於要不要把過去引用過的話用到這本書上，我其實猶豫了很久，不過後來就想通了。如果我第一次說的就是對的（而且還可以用來闡明本書的主題），那不堅持原來的說法就太笨了。

我要謝謝霍華・明斯（Howard Means），他協助我整理本書全部的素材。我也要謝謝閱讀過本書原稿的三位讀者，他們的批評讓我獲益良多。一位是威廉・伯恩斯坦（William J. Bernstein），他是神經科專家兼投資顧問兼多產作家，最新的一本著作是《輝煌的交易》（*A Splendid Exchange*）。另一位是安德魯・克拉克（Andrew S. Clarke），他是先鋒集團的高階主管，十年前和我合作過《共同基金必勝法則》。還有一位是艾略特・麥高金（Elliot McGuckin），他是培普丹大學（Pepperdine University）的博士，他開的課——「藝術創業精神與科技中的英雄旅程」——是在讚美古典的理想能為當代生活帶來多大的好處。

我也要感謝先鋒集團「伯格金融市場研究中心」的職員，如果沒有他們的協助，這本書是不可能完成的。因此，我要特別感謝愛蜜莉・史奈德（Emily Snyder）和莎拉・霍夫曼（Sara Hoffman）的付出，他們永遠被時間追著跑，還得辛辛苦苦地辨識我那有如鬼畫符的筆跡，然後打字出來，最後進行編輯。我也要感謝凱文・勞林（Kevin P. Laughlin），過去九年來，他一直擔任我的助理，他的表現可圈可點，不管我需要什麼樣的研究，他都能如期交出來，他也會幫忙挑錯，提供很有用的編輯建議，讓本書變得更出色。最重要的是，每一位同仁都是秉著無窮的耐心、愉快心情和專業來做事。

說到耐心和愉快的心情，我也要感謝我的夫人伊芙。我和她結褵五十二年了，這麼多年來，她始終關心我、支持我，不管日子過得好或不好，她都不離不棄，儘管她不時抱怨我老是在打拚、演講和著述。當然，她是有權抱怨的！

約翰・伯格

國家圖書館出版品預行編目（CIP）資料

夠了：約翰．伯格談金錢的最佳策略 / 約翰．伯格 (John Bogle) 著；陳雅汝譯．-- 三版．-- 臺北市：早安財經文化，2019.07
面；　公分．--（早安財經講堂；85）
譯自：Enough : true measures of money, business, and life
ISBN 978-986-83196-8-4（平裝）

1. 理財　2. 投資　3. 商業　4. 價值觀

563.5　　108010545

早安財經講堂 85

夠了

約翰．伯格談金錢的最佳策略

ENOUGH: True Measures of Money, Business, and Life

作　　者：約翰．伯格 John C. Bogle
譯　　者：陳雅汝
編輯協力：郭惠櫻
封面設計：Bert.design
責任編輯：沈博思、黃秀如

發 行 人：沈雲驄
發行人特助：戴志靜、黃靜怡
行銷企畫：楊佩珍、游荏涵
出版發行：早安財經文化有限公司
電話：(02) 2368-6840　傳真：(02) 2368-7115
早安財經網站：goodmorningpress.com
早安財經粉絲專頁：www.facebook.com/gmpress
沈雲驄說財經 podcast：linktr.ee/goodmoneytalk
早安財經官網　沈雲驄說財經

郵撥帳號：19708033　戶名：早安財經文化有限公司
讀者服務專線：(02)2368-6840　服務時間：週一至週五 10:00~18:00
24 小時傳真服務：(02)2368-7115
讀者服務信箱：service@morningnet.com.tw

總 經 銷：大和書報圖書股份有限公司
電話：(02)8990-2588
製版印刷：漾格科技股份有限公司
三版 1 刷：2019 年 7 月
三版 7 刷：2024 年 4 月

定　　價：300 元
I S B N：978-986-83196-8-4（平裝）